LA SÉCURITÉ

EN ALGÉRIE

PUBLICATION

DU

COMICE AGRICOLE

DE GUELMA

[épigraphe illisible]

VICTOR HUGO

GUELMA

IMPRIMEUR

LA SÉCURITÉ

EN ALGÉRIE

PUBLICATION

DU

COMICE AGRICOLE

DE GUELMA

Chose étrange à dire et bien vraie
pourtant, ce qui manque à la France
en Alger, c'est un peu de barbarie!
Les Turcs allaient plus vite, plus sûre-
ment et plus loin ; ils savaient mieux
couper des têtes.

La première chose qui frappe le sauvage, ce n'est pas la raison, c'est la force.

VICTOR HUGO,

LE RHIN

(Conclusion - p. 480 - Édition ne varietur)

GUELMA

TYP. & LITH. L. LAVIE — L. DANAN, IMPRIMEUR

RUE DE L'HOPITAL

1890

LA SÉCURITÉ

EN ALGÉRIE

PUBLICATION

DU

COMICE AGRICOLE

DE GUELMA

> *Chose étrange à dire et bien vraie pourtant, ce qui manque à la France en Alger, c'est un peu de barbarie. Les Turcs allaient plus vite, plus sûrement et plus loin ; ils savaient mieux couper des têtes.*
>
> *La première chose qui frappe le sauvage, ce n'est pas la raison, c'est la force.*
>
> VICTOR HUGO.
>
> LE RHIN
> Conclusion - p. 430 - Édition *ne varietur)*

GUELMA

TYP. & LITH. L. LAVIE. — L. DANAN, IMPRIMEUR

RUE DE L'HOPITAL

1890

PRÉFACE

Les pages si navrantes et si vraies qui composent la brochure que nous présentons aujourd'hui aux pouvoirs publics et à nos représentants, ne dépeignent que bien imparfaitement la situation désespérée dans laquelle se débattent les colons de l'Algérie et, tout particulièrement, ceux de la région de Guelma.

Exaspérées, enfin, par une longue succession de vols ou d'assassinats perpétrés, sans trève ni merci, sur tous ceux qui ont eu la malheureuse inspiration de venir coloniser en Algérie, les nombreuses victimes du brigandage indigène avaient pensé tout d'abord à user du seul moyen que les lois françaises mettaient à leur disposition pour fixer l'attention du Gouvernement sur leurs déplorables conditions d'existence. Pleins d'une confiance naïve dans l'issue d'une démarche absolument légale, les *Sinistrés* de Guelma avaient fait circuler une pétition dont la forme et le fond provoquèrent dans toute l'Algérie une approbation sans réserve.

Cette pétition était ainsi conçue :

MESSIEURS LES DÉPUTÉS,

Les soussignés, habitants de la région de Guelma, tous plus ou moins victimes d'attentats commis par les indigènes contre leur personne ou contre leurs biens, ont l'honneur d'appeler votre attention et votre sollicitude sur la situation intolérable dans laquelle ils vivent depuis longtemps et de réclamer de vous des mesures propres à y apporter un terme ou un remède. Cette situation, dont les périls viennent s'ajouter aux difficultés d'une crise économique et agricole sans précédent. tient principalement à trois causes : la fréquence des crimes ; la difficulté d'en connaitre les auteurs ; l'insuffisance de la répression.

Pendant les premières années de l'occupation de l'Algérie, on a pu espérer que l'hostilité des indigènes, conséquence inévitable des violences de la conquête et de la première rencontre, dans une vie commune, de deux populations aussi différentes par la race, la religion et les mœurs, que l'Européenne et la Musulmane, s'atténuerait avec le temps, au contact de notre civilisation, à l'expérience de ses bienfaits et en suite des rapports quotidiens et pacifiques que la force des choses établissait entre Indigènes et Européens.

Malheureusement il n'en a rien été ; c'est que la fréquence des attentats tient beaucoup moins à une hostilité nationale, à une rancune patriotique de la part des Indigènes, qu'aux habitudes de rapine et de violence invétérées chez un peuple à demi barbare qui, avant nous, ne connaissait et ne respectait d'autre frein que celui de la force.

Le mal n'est donc pas dû à des circonstances passagères : il est inhérent aux traditions de la race et ne cédera qu'au temps et aux mesures répressives les plus énergiques.

Si dans les villes, le nombre des Européens, la présence de garnisons nombreuses et l'action d'une police bien organisée ont promptement établi une sécurité à peu près égale à celles dont jouissent les cités métropolitaines, il est loin d'en être de même dans les campagnes.

Là, point de force armée pour défendre une population peu nombreuse encore et disséminée sur d'immenses territoires au milieu des indigènes ; point de police, et en réalité on peut le dire, nulle autorité, nulle action organisée pour la recherche et la poursuite des criminls. Cette situation est connue des malfaiteurs ; l'assurance et l'habitude de l'impunité encouragent leur audace, la population indigène honnête en souffre comme nous ; elle s'en plaint et en accuse la faiblesse et l'impuissance de notre justice. Aussi, loin de diminuer, les crimes se multiplient. Peu de jours se passent sans qu'on en signale un nouveau et les progrès même de la colonisation ne font que fournir aux déprédateurs une proie plus riche et plus facile à saisir, et, pour le colon, plus pénible et plus périlleuse à défendre. Ce colon, sa journée de labeur finie, loin de pouvoir donner la nuit au repos, est obligé de veiller en armes pour sa défense, celle des siens, celle de son bien. Vols de bestiaux, effractions, assassinats, sont des faits courants devenus si fréquents qu'ils éveillent à peine l'attention. Chaque année, de nouveaux incendies achèvent de consumer le peu qui reste de nos richesses forestières, et ces incendies périodiques sont prévus, leur date est fixée d'avance, sans qu'aucune mesure sérieuse soit prise pour les prévenir ou les réprimer. Les récoltes sont ravagées, les jardins eux-mêmes et les vergers pillés avant qu'un fruit ait pu arriver à maturité. La terreur et le découragement règnent à l'heure qu'il est parmi la population rurale, venant s'ajouter aux difficultés, aux déceptions et aux souffrances inhérentes à la vie agricole dans un pays où l'acclimatement est si rude, où tout est à créer, à transformer, à essayer.

A défaut de force publique organisée, pouvons-nous, du moins, pourvoir nous mêmes à notre défense ? Nullement. On nous oppose alors ce principe que nul ne peut se faire justice soi-même, et nous nous trouvons ainsi dépourvus et de l'action publique, qui assure la sécurité personnelle dans les sociétés civilisées, et du droit de défense individuelle qui en est la sauvegarde dans les sociétés primitives. Cet état de choses profite aux seuls malfaiteurs indigènes : les crimes et délits qui peuvent être commis par des Européens sont presque toujours punis, leurs auteurs ayant une identité facilement reconnaissable et saisissable. Tandis que les Indigènes, tous à peu près du même type, tous revêtus du même costume, l'ample et long burnous à capuchon qui dissimule la taille, l'allure et même le visage, sont très difficiles à reconnaître. Parmi nous d'ailleurs, le criminel est dénoncé et traqué, même par les siens. Chez les Arabes, au contraire, il est toujours couvert par le silence, quand ce n'est pas par la complicité et le faux témoignage de ses coreligionnaires. De là, le nombre infiniment petit des crimes punis relativement à celui des crimes commis. De là, aussi, ces chiffres trompeurs qu'enregistre seuls la statistique criminelle officielle, dont elle se contente et dont elle conclut que la criminalité n'est pas beaucoup plus forte chez les Indigènes que chez nous. Il en sera ainsi tant que la responsabilité collective, depuis si longtemps, et toujours vainement réclamée par les colons, ne sera pas rétablie, au moins pour certains crimes dont l'exécution implique forcément de la complicité ou de la connivence, tels ces vols de bestiaux dont la rançon est ensuite proposée et débattue cyniquement par les recéleurs, fait qui se renouvelle chaque jour.

On objectera peut-être que cette responsabilité est devenue impossible par la désagrégation de la tribu et par le rattachement des douars aux communes de plein exercice, là où précisément les colons ont le plus à souffrir des déprédations indigènes. Mais, si l'application pure et simple de l'ancien traitement imposé par l'autorité militaire n'est plus de saison, rien ne serait plus facile que de faire revivre le principe à l'endroit de collectivités plus restreintes, et d'investir les autorités municipales du droit de cantonner par groupes importants les Indigènes de leur territoire et de leur imposer la surveillance de telle ou telle partie de la commune.

En attendant, les magistrats et fonctionnaires, chargés de la recherche et de la répression des crimes ou délits, se plaignent de n'avoir à leur disposition ni les agents ni les moyens d'action nécessaires. Ils sont débordés par le flot toujours montant de la criminalité, découragés par le nombre infini des plaintes qu'ils doivent laisser sans satisfaction et le plus souvent sans aucune suite. Faut-il ajouter que certains d'entre eux, étrangers et nouveaux venus dans le pays, n'y ayant ni attaches, ni passé, ni avenir, ignorant tout du peuple arabe, son régime, son caractère et ses mœurs, considérant d'ailleurs les années qu'ils passent en Algérie comme un temps de stage ou d'exil dont un avancement en France doit être le terme et la prompte compensation, s'intéressent peu à l'œuvre de la colonisation et n'apportent peut-être pas toujours dans l'accomplissement de leur tâche cette expérience, ce zèle et cette énergie qui, plus encore en Algérie qu'en France, sont des qualités indispensables aux hommes chargés de la haute et difficile mission d'assurer la sécurité publique.

Enfin, dans les cas fort rares, où, par une circonstance particulière et le plus souvent due à l'initiative des victimes elles-mêmes, un criminel indigène est arrêté, jugé et condamné, la répression est presque toujours dérisoire ou insuffisante. Notre Code pénal, en effet, qui est appliqué aux Indigènes comme aux Européens, répond à un état social très différent de celui des musulmans, et suppose aux justiciables un degré d'élévation morale que les Indigènes sont loin d'avoir atteint. Toutes les peines que nous appelons infamantes leur sont indifférentes, et ont été inspirées par un ordre d'idées qui ne leur est même pas intelligible. Ils ne comprennent et n'ont guère connu avant nous que les peines afflictives dans le sens le plus matériel du mot. La prison notamment n'est nullement une peine pour eux. Dépourvue à leur yeux de tout caractère humiliant ne comportant parmi eux nulle déchéance, elle leur procure simplement, gratis, l'état qui leur parait préférable à tout autre : la subsistance dans l'oisiveté. A défaut des châtiments corporels qui répugnent à nos mœurs et sans parler de l'expiation suprême, il ne reste donc comme peines réellement capables d'effrayer et de contenir l'Indigène, que les peines pécuniaire, la déportation, et surtout le travail forcé Tant que la responsabilité collective n'aura pas été rétablie, les peines pécuniaires seront difficilement applicables, l'organisation collective de la propriété chez les Arabes rendant la propriété individuelle aussi malaisée à établir et à atteindre qu'elle est, au contraire, facile à dissimuler et à soustraire. C'est donc dans le sens d'une extension des peines du travail forcé et de la déportation, que devrait être révisé notre Code pénal indigène. La législation doit toujours être appropriée aux nécessités de la défense sociale, et c'est ainsi que la France elle-même a dû prendre récemment des mesures de répression particulières contre ses propres récidivistes.

Sans insister plus précisément sur les moyens à opposer à l'effrayante recrudescence des crimes qui leur fait pousser le cri d'alarme, et s'en rapportant sur ce point à la sollicitude et aux lumières des autorités législatives et judiciaires, les soussignés se bornent à exposer un état de choses intolérable qui s'aggrave tous les jours, et qui, en se prolongeant, finirait par décourager et par éloigner définitivement de l'Algérie, les hommes courageux et dévoués qui ont entrepris l'œuvre si ardue, si périlleuse, si méritoire et pourtant jusqu'ici si peu récompensée de sa colonisation agricole.

(Suivent les signatures)

Transmise par *envoi recommandé* au Député de la 2me circonscription du département de Constantine, cette pétition eut probablement le sort de tous les documents de ce genre. Peut-être ne bénéficia-t-elle même jamais de l'honneur d'un dépôt à la Tribune, car aucun avis de réception ne fut jamais adressé aux expéditeurs.

Ce lamentable accueil — un peu prévu, du reste — ne nous découragea point ; fermement résolus à faire entendre quand même nos trop justes plaintes, nous entreprimes de demander aux victimes elles-mêmes les déclarations authentiques des crimes commis sur leurs personnes ou sur leurs biens. Malgré le découragement général, malgré l'incrédulité du plus grand nombre, quelques déclarations arrivèrent ; sans ces deux causes d'abstention, leur nombre en eut été quatre ou cinq fois plus considérable, nous ne craignons pas de l'affirmer.

D'autre part, le temps pressait.

Réunies et classées par nos soins ces déclarations forment donc la brochure que nous publions aujourd'hui.

Puisse ce long et incomplet martyrologe produire un tout autre résultat que nos démarches antérieures !

Guelma, 15 Septembre 1890.

Le Comice Agricole de Guelma.

La recrudescence des attentats criminels dans ces derniers temps vient de provoquer l'envoi de circulaires énergiques — ou paraissant telles — tant de M. le Gouverneur général que du Parquet général.

Nous savons ce que valent d'ordinaire ces instructions *in extremis*.

Obsédée par l'opinion publique, l'administration se décide à rédiger deux ou trois pages de circulaires qui restent dans les cartons pendant plusieurs années, jusqu'au jour où une nouvelle convulsion du contribuable vient indiquer que le remède a eu pour résultat de.... hâter l'agonie.

Devant une situation aussi grave, il faut autre chose que des circulaires ; la Presse algérienne, les associations agricoles, le Conseil général de Constantine, voire même M. Ben Badis, assesseur musulman à l'Assemblée départementale et ses collègues ont maintes et maintes fois indiqué le remède.

Sans réclamer, pour le moment, du moins, comme certains de nos concitoyens algériens, le retour au régime militaire ou la responsabilité collective des tribus, nous pensons que l'application sérieuse des quelques réformes ci-après suffiraient pour arrêter la ruine de la colonisation :

1° Service d'espionnage indigène parfaitement organisé et rémunéré ;

2° Mise en rapport du Code d'instruction criminelle avec le tempérament et les mœurs des indigènes ;

3° Transformation de la peine de la prison prononcée par les tribunaux de simple police ou correctionnels en peine de travaux d'hygiène, de salubrité et de petite vicinalité à effectuer dans toutes les communes sous la surveillance et par les soins d'agents municipaux spéciaux :

4° Relégation ou déportation de tous les repris de justice, des condamnés de Cours d'assises, tout au moins.

Nous supplions, en terminant, MM. les membres du Parlement d'étudier avec tout l'intérêt qu'elle comporte, une question dont dépend à bref délai la ruine ou la prospérité de l'Algérie.

Les colons ruinés ou en voie de l'être seraient capables de céder, plus tôt qu'on ne le pense, aux idées d'émigration ou de retour que pourrait leur suggérer un certain sentiment de prudence uni au souci de leurs intérêts matériels.

Guelma, 15 Octobre 1890.

Le Comice Agricole de Guelma.

AVIS AU LECTEUR

Nous devons à ceux de nos lecteurs qui ne sont point familiarisés avec les expressions et les coutumes indigènes, l'explication d'un terme qui reviendra fréquemment sous leurs yeux au cours de la lecture des pages qui vont suivre.

Nous avons nommé la *Bechara*.

La *Bechara* est une petite opération qui consiste à transformer immédiatement et *sans danger aucun pour le voleur* le produit matériel d'un vol quelconque en belles espèces sonnantes.

Un exemple complètera la diffinition :

X..., Colon, est volé de deux paires de bœufs de labour ; pendant qu'il se désole, devant son étable vide, sa terre en friche et sa famille à nourrir, il reçoit la visite d'un indigène qui, discrètement, seul à seul, lui offre de lui faire retrouver ses bêtes moyennant une somme d'argent convenue, laquelle représente généralement le tiers, quelquefois la moitié de la valeur des bêtes volées.

L'élévation de la taxe est en raison directe de la situation de fortune de la victime et des qualités marchandes ou de travail des animaux volés.

X... accepte, naturellement ; les conditions du contrat sont débattues, le prix est accepté de part et d'autre, l'argent versé et les bœufs sont retrouvés dans une clairière ou une broussaille indiquée d'avance.

La *Bechara* vient de faire une victime de plus.

Toutes ces opérations, sous peine d'échec absolu, se font de nuit et un seul indigène à la fois se met en rapport avec le volé.

La *Bechara* a été reconnue plusieurs fois par la Cour d'Appel d'Alger comme une opération parfaitement licite ; c'est, pour elle, un véritable contrat liant les deux parties. Le volé qui n'indemniserait pas son voleur serait tout aussi... indélicat que le voleur qui ne rendrait pas les bêtes.

Un membre du Parquet de Guelma a fait observer un jour en pleine audience du Tribunal correctionnel de cette ville que la jurisprudence de la Cour d'Alger en la matière considérait le prix versé par le colon pour rentrer en possession de son bien comme une juste rémunération des peines et soins déployés par l'indigène pour faire retrouver le produit du vol.

Inutile d'ajouter que le prétendu entremetteur est toujours le complice quand il n'est pas le voleur lui-même.

Malheur au colon qui, dans un moment d'exaspération bien légitime, mettrait la main au collet d'un porteur d'offre de *Bechara* pour le livrer à la justice ! Il courrait le risque d'être bel et bien incarcéré au lieu et place du coupable.

Cette honnête opération se pratique couramment, tous les jours, sur une terre française administrée par des fonctionnaires français, soumise à la Justice française, à vingt-quatre heures de la Métropole.

Quel est l'indigène qui, devant toutes les facilités qu'on lui laisse, résisterait à la tentation de voler impunément !

Statistique Judiciaire

L'autre jour, parlant de la prochaine session d'assises, nous disions que les vingt affaires à y examiner étaient toutes indigènes et que, autre particularité, elles concernaient toutes la circonscription de Guelma.

Nous allons, c'est certain, étonner quelque peu nos lecteurs, en leur apprenant que, sous le rapport de la criminalité, Bône n'est nullement à comparer à Guelma. Cette dernière région, en effet, fournit de 400 à 450 affaires par an, alors que la nôtre en instruit à peine 200, tant correctionnelles que criminelles.

Ces chiffres, on en conviendra, éclairent et justifient singulièrement les lettres alarmantes sur la sécurité, publiées dans le *Bônois*, par nos correspondants de Guelma. S'ils se plaignent, nos colons de là-bas, c'est donc qu'ils ont raison.

Le *Bônois* du 1er Novembre 1890.
Journal de l'arrondissement de Bône.

LA SÉCURITÉ

Résultats de l'enquête ouverte par le Comice agricole, d'après les déclarations des colons, victimes du brigandage indigène, de 1880 à 1889.

Commune de Nechemeya

CÉLESTIN GROS. — Vols perpétuels : produits du sol. Estime à 300 fr. par an le montant des vols à son préjudice.

MARTIN BENGEL. — Vol de blé, 1889.

V. WOLMER. — Six vols de blé et autres produits, 1886-89.

FRÉDÉRIC SCHWALL. — Dix vols : bœuf, cheval, blé, orge, pommes de terre, 1887-88-89.

F. DŒGLÉ. — Six vols : blé, orge, linge, 1882-89.

ANTOINE GIBERT. — Vol d'orge, juin 1889.

GEORGES LAMBERT. — Douze vols : une jument, blé, orge, pommes de terre, etc., 1886-87-89.

ANDRÉ MARIOT. — Cinq vols : un bœuf, blé, pommes de terre, 1881-88.

AUGUSTE GREHL, Maire. — Douze vols : blé, orge, divers, 1880-89. Plusieurs de ces vols ont eu lieu dans l'habitation même. Réclame énergiquement la responsabilité collective.

XAVIER AMAN. — Quatre vols : blé, orge, pommes de terre, 1888-89.

FRÉDÉRIC WEISS. — Quatre vols : blé, orge, pommes de terre 1888-89.

Michel FALZON. — Trois vols : blé, orge, pommes de terre, 1888-89.

Henri DUNKÉ. — Trois vols : blé, orge, pommes de terre, 1887-89.

Veuve FONTAN. — Vol de pommes de terre, 1888.

Léopold LANDRER. — Treize vols : cheval, blé, orge, pommes de terre, etc., 1881-84-88-89.

Jean WURSTHORN. — Trois vols : blé, pommes de terre, etc., 1888-89.

Georges LANDRER. — Neuf vols : blé, orge, pommes de terre, etc., 1880-89.

Jacob MEYER. — Trois vols : Blé, pommes de terre, 1888-89.

Jean DUNKÉ. — Trois vols : blé, pommes de terre, 1889.

Sébastien BRUCH. — Cinq vols : blé, orge, fèves, pommes de terre, 1885-89.

Charles NIBSCHELÉ. — Dix vols : blé, orge, vêtements, objets mobiliers, outils, argent monnayé, etc., 1882-89.

F. DIEHLMAN. — Six vols : pommes de terre, 1889.

Christian FEBRAY. — Six vols : argent, montre, fusil, 1888-89.

Louis WEISS. — Trois vols : pommes de terre, fèves, raisins, 1888-89.

Frédéric WOLMERR. — Vol d'orge, 1889, à main armée.

Mathieu FONTAN. — Deux vols : orge, raisin, 1886.

Sébastien DIEHLMAN. — Deux vols : blé, pommes de terre, 1889.

Jacob GRETHER. — Tentative de meurtre, 1889. Il y a eu, pour ce crime, instruction criminelle, et arrestation du coupable présumé ; point de nouvelles des suites de l'affaire (1).

----

(1) Il ressort de cette énumération que sur 28 colons de Nechemeya volés pendant toute cette période décennale, trois d'entre eux, seulement, ne l'ont pas été en 1889.

Il y a donc eu attentat sur les biens de 25 colons dans le cours

Henri THIBAULT, *Guelma*.— Six vols : 1887-89. Quarante-quatre bêtes dont une jument et une mule ; le reste en bœufs ou vaches.

Incendie volontaire de broussailles, par vengeance.

(Lire, pour détails, la lettre incroyable ci-annexée.)

J. BURGER, *Kellermann* — Tentative d'assassinat, le 4 février 1889. Le coupable a été pris et condamné à 15 mois de prison.

J. HŒRING, *Guelma*. — Deux bœufs de labour de premier choix le 15 avril 1888. *Bechara* offerte et acceptée à 125 francs. Bêtes rendues. Voleurs inconnus. Déclare avoir demandé l'instruction de cette affaire ; il n'en a pas été tenu compte. Ce propriétaire a les voleurs à sa porte continuellement.

Veuve HEIDT, *Kellermann*. — Vol de moutons, 13 décembre 1885. Ne les a jamais retrouvés. Déclare être continuellement volée en légumes, blé, fourrage, etc.

L. GENTET, *Enchir-Saïd*. — 1° Vol de divers articles, avec effraction. Nuit du 1er au 2 avril 1887. Vol signalé, pas d'enquête ; 2° Vol de deux fusils aux gardiens de sa vigne, nuit du 21 au 22

---

de l'année 1889, alors que de 1880 à 1885, soit dans une période six fois plus longue mais bien antérieure, huit colons seulement ont été victimes du brigandage indigène.

Cette progression dans le crime est aussi évidente qu'instructive ; elle prouve que l'impunité porte ses fruits.

Il y a lieu de retenir encore un détail non moins instructif, c'est le peu de vols de bestiaux relativement au chiffre des attentats. Cela prouve, — ce que tout le monde sait, du reste, la magistrature aussi bien que nous, — que le rapprochement des villes augmente considérablement en Algérie les vols des bêtes domestiques. Les recéleurs, les habitués de la « bechara » (véritable vache à lait pour ce gibier de potence), n'habitent pas ordinairement les villages ou les tribus. C'est dans les villes, sur nos marchés ou aux alentours, dans les cafés maures, dans certains établissements louches que ces écumeurs de ferme tiennent leurs petites réunions, supputant ou partageant les bénéfices de telle opération criminelle.

Si la police voulait bien se donner la peine de mettre la main sur tout ce que la ville possède de recéleurs ou d'entrepreneurs de « bechara », on serait étonné de voir une collection aussi variée sous tous les rapports ; les associés de la ville ne sont pas tous indigènes, il s'en faut ; ceux qui opèrent dans les propriétés, au contraire, le sont presque tous, mais il est rare qu'ils travaillent pour leur compte et isolément ; ce sont de véritables mercenaires, des voleurs à gages, si on peut s'exprimer ainsi.

C'est triste !

N. D. L. R.

août 1888. Voleur désigné, arrêté, condamné à 6 mois de prison.
(Voir les documents annexes.)

GERMAIN VARET, *Guelma*. — Tentative d'effraction, la nuit, en mars 1880, pendant qu'il était alité.

Son berger, assassiné en mars 1883. Il y eut enquête qui n'aboutit pas.

En février 1885, vol d'une vache, retrouvée le lendemain par son fils entre les mains de deux indigènes qui prirent la fuite.

En avril 1880, jument volée à son *khammès*. Retrouvée contre 70 à 80 francs, à Khenchela.

A. SERTLET, *Guelaât-bou-Sba*. — 3 vols de produits du sol en 1889. Vol d'orangers sur pied. Tentative d'effraction, la nuit, en décembre 1889, dans une maison habitée.

Veuve UZAC, *Millésimo*. — Deux bœufs, non retrouvés, en 1887. Quatre juments et deux pouliches en 1888. reprises.
(Voir les documents annexes.)

CUNIARD, *Kellermann*. — Volé d'une jument le 28 septembre 1885 ; l'a retrouvée dans la commune mixte de Jemmapes deux ans après, mais n'a pu rentrer en possession.

RIGOLLET, *Enchir-Saïd*. — Volé d'un bœuf, 1887. Volé d'une vache, 1888. Tentative de vol avec effraction 1888. Volé avec effraction 1888. Tentative d'assassinat 1889.
(Voir les documents annexes.)

F. SCHWANN, *Kellermann*. — Vol d'un cheval, le 18 septembre 1885. Rendu contre une *bechara* de 50 fr. Enquête ouverte et abandonnée par l'administration de la commune mixte d'Aïn-Amara, où demeurait le recéleur.

RENIER, *Héliopolis*. — 21 décembre 1889, volé avec effraction de divers objets mobiliers; n'a pas porté plainte. A quoi bon?

ANTOINE KOCH, *Kellermann*. — Trois moutons en 1885. Blé en filet en 1886.

Veuve MICHEL SAID, *Guelma*. — En octobre 1888, volée avec effraction de deux mulets. En mars 1889, la *bechara* a été offerte et acceptée. Les bêtes ont été reprises à Robertville, canton d'El-Arrouch. Estime à 500 francs le montant de la *bechara* et des frais occasionnés. Deux voleurs arrêtés et condamnés à Philippeville à 2 ans et 1 jour.

MICHEL THOMAS, *Guelma*. — En 1889, volé d'un cheval et d'un mulet. A payé 230 francs de *bechara*. Voleurs inconnus.

JACOB KOCH, *Kellermann*. — Volé de trois chevaux le 20 août 1889. Non retrouvés. A signalé les voleurs, pas de poursuites.

LACRAMPE, *Kellermann*. Tentative de vol le 25 juillet 1888, dans la maison d'école. Vol de quinze francs dans l'église du village.

C. MESSERSCHMITT, *Kellermann*. — Volé de blé et légumes en 1887. Tous les ans volé de fourrage en melons.

CHARPENTIER, *Millésimo*. — Volé d'un cheval en 1881. Volé de deux bœufs en 1882. N'a rien retrouvé.

RAYMOND GUION, *Millésimo*.—Volé de deux bœufs le 15 octobre 1885. *Bechara* offerte à 100 francs ; on n'est plus revenu. Vol signalé, point de résultats. Un cheval prêté et vendu par l'emprunteur le 16 juillet 1889.

PIERRE WALTER, *Guelma*. — Un beau frère tué à Clauzel en 1881. A été volé de divers instruments aratoires et de *teben* à plusieurs reprises. Pour l'assassinat il y a eu enquête et arrestation ; mais l'indigène a été relâché après deux ou trois mois de prison préventive.

PIERRE SERENO, fils d'EUSÈBE, *Guelma*. —Volé de quatre chevaux dans la nuit du 22 au 23 novembre dernier, avec effraction dans une maison habitée. Un cinquième cheval poussif, qui aurait pu compromettre les voleurs dans les broussailles où ils cachent les bêtes, a été laissé à l'écurie. *Bechara* offerte à 300 francs, acceptée à 150 francs, bêtes rendues.

JEAN-BAPTISTE GERBOULET, *Millésimo*. — Une jument, deux mulets, trois licols, deux brides, deux selles et une couverture, dans la nuit du 25 au 26 novembre dernier. N'a rien retrouvé.

(Voir les documents annexes.)

ADAM KOCH, *Kellermann*. — Cinq bœufs en 1883. Fourrage en 1883. Blé en 1885. Pommes de terre et autres produits agricoles en 1887-89. Tous ces vols signalés ; aucun résultat.

PHILIBERT DIMECK, *Guelma*. —Trois génisses le 10 février 1890. La *bechara* offerte par les voleurs à 50 francs a été débattue et finalement acceptée à 37 fr. 50. Cette somme a été payée au nommé Ali ben Messaoud, *kebir* chez M. Sauvage, qui l'a remise ensuite au nommé M'hamed el Deradji, sans domicile fixe, demeurant tantôt à Guelma-ville, tantôt à Oued-Maïs.

A, en outre, été victime de beaucoup d'autres vols de produits agricoles.

WUNSCHEL, *Kellermann*. — Deux tentatives de vol. Bestiaux et grains, en 1889. Voleurs condamnés à quinze mois de prison. Beaucoup d'autres vols de fourrage, pommes de terre, etc.

A. BAILLEUL, *Gueldat-bou-Sba*. — Deux tentatives de vol avec effraction. Vol de dix charges de blé avec effraction. Vol d'une paire de bœufs. Destruction de 200 pieds de vigne et d'un certain nombre de pieds d'eucalyptus et autres arbres. Actes de maraudage continuels. Incendie d'une meule de fourrage en 1888.

(Voir les documents annexes.)

Veuve HERMANN, *Kellermann*. — Trois moutons en novembre 1887.

Ozély LE JEUNE, *Kellermann*. — Deux mulets le 26 octobre 1889. Incendie criminel d'une meule de fourrage le 25 novembre 1889. Ces deux crimes ont été commis après des menaces faites par des indigènes. Les noms des coupables ou présumés tels ont été donnés à la Gendarmerie qui a constaté les faits, mais les choses en sont restées là.

Jacques CHEYMOL, *Guelma*. — Assassinat de son fils et tentative de vol le 1er octobre 1888, à huit heures du soir, à quarante mètres de son domicile sur la route de Millésimo.

Un bœuf de labour en 1881. Un mulet en 1882. Un cheval le 16 septembre 1884.

(Voir les documents annexes.)

Adam SCHARDT, *Kellermann*. — Une vache et trois chèvres, en trois vols.

Théophile CHAUMONT, *Kellermann*. — Une paire de bœufs, le 8 mai 1887. Fourrage et raisins très fréquemment. Inutile d'ajouter que les bœufs n'ont pas été retrouvés ni rachetés.

Salvator FARUDGIA. *Guelma*. — En janvier 1889, cinq moutons et deux chèvres. *Bechara* offerte à 25 francs et non acceptée. Vol signalé, mais pas de résultats. Depuis 1880, plus de cinquante chèvres lui ont été volées en détail.

LOMBARDI, *Guelma*. — Deux mulets et deux chevaux le 2 janvier 1889. La *bechara* offerte à 200 francs a été acceptée et traitée à 175 francs. La somme a été payée à un ouvrier indigène nommé Saâd ben Ali ben Armi le voleur présumé : ces faits ont été signalés à la justice, il n'y a eu ni enquête, ni poursuites.

GEORGES SCHARDT, *Kellermann*. — Quatre chèvres le 31 janvier 1886. Tous les ans, vols nombreux de fourrage, blé, pommes de terre, etc.

DALLIER, *Millésimo*. — A toujours été volé depuis trente ans qu'il est en Algérie, mais plus particulièrement dans ces dernières années. Bœufs, bestiaux, blé, volailles, fourrage, tels ont été les principaux objets de la convoitise des bandits indigènes.

DEVAUX, *Héliopolis*. — Deux vols, février 1885 et mai 1889, consistant en effets mobiliers et en courroies de matériel de moulin ; depuis cette époque, nombreuses tentatives de vol.

Toutes les portes de son domicile portent des traces de tentative d'effraction que le hasard ou la surveillance active et pénible qui s'y pratique constamment a fait avorter. En 1888, le mur de l'écurie a été percé ; en 1889, au mois de décembre, c'est celui du magasin à farine qui a eu le même sort.

Enfin, en janvier 1890, vol de 25 têtes de volaille dans une cour bien close, trois chevaux lui ont été conservés par la solidité d'un arc-boutant en fer du portail, lequel arc-boutant a été tordu.

MICHEL MIZZI, *Millésimo*. — Tentative de vol le 1er octobre 1889. Le mur de la ferme a été en partie démoli ; les voleurs ont pris la fuite en entendant du bruit.

JEAN-BAPTISTE RETT, *Kellermann*. — Vols perpétuels de filets de blé ou d'orge et de légumes.

DAOUADI BEN AMAR, fermier de M. Gratelot, locataire de la ferme Sultana à l'Oued-Skhroun, *Guelma*. — 11 octobre 1888, vol de sept juments ou mulets. 21 octobre 1888, un bœuf de labour. La *bechara*, offerte et discutée à 340 francs, a été acceptée et payée à ce prix. Plainte a été portée ; les présumés coupables signalés ont été arrêtés, puis relâchés.

Louis LAVIE et Cie, *Héliopolis*. — Vol d'une somme de 300 fr., commis la nuit, avec effraction, dans une maison habitée; de soixante litres d'huile en janvier 1890.

(Voir les documents annexes.)

N. DUBAS, *Millésimo*. Assassinat de son gendre en octobre 1888. Nombreux vols de produits du sol, de matériaux de construction, etc.

PERSOHN, *Kellermann*. — Tentative de vol de bestiaux

Tous les ans, vol de produits du sol. Les coupables n'ont pas été connus.

BONFILS, *Guelma*. — Volé trois fois pendant l'année 1889 : le 6 mars, le 15 septembre et le 9 octobre. Les vols ont porté sur des effets d'habillement, des outils, des vivres, des volailles, etc. Ces trois vols ont été signalés à l'administration, sans aucun résultat. Le volé appartient au service forestier et habitait la maison forestière de la Mahouna.

PROUST, *Guelma*. — Premier vol en 1887, dans l'écurie de la maison Charretier, rue d'Announa, avec escalade et effraction; le voleur, un Kabyle, a été condamné à six mois de prison.

Deuxième vol d'un cheval, en novembre 1889, près de Ben-Tabouch. Son charretier, deux jours après, reçoit offre de *bechara*; on convient à 50 francs et, moyennant cette somme, les voleurs lui remettent le cheval qui était aux Beni-Addi, au pied du Djebel-Debbar.

Le charretier n'a jamais voulu lui désigner ceux qui lui avaient remis la bête ; on l'avait menacé de mort s'il fournissait un indice quelconque.

Marius PERSOHN, *Kellermann*. — Tentative de vol, peut-être d'assassinat, en 1888. Effraction d'un volet ; les coupables ont pris la fuite quand la victime s'est éveillée.

Louis ZAMITH, *Guelma*. — Vol de dix charges de blé en 1882. A été victime de beaucoup de tentatives qui ont échoué à cause de sa grande surveillance pendant la nuit.

DUPONT DU CLUZAU, *Guelma*. — Volé de trois mulets en novembre 1888, la nuit, le mur percé. *Bechara* offerte, acceptée et traitée à 200 fr. Les bêtes ont été rendues. Il y a bien eu enquête, mais elle n'a produit aucun résultat.

SADELER, *Clauzel*. — Au mois de décembre 1888, a été volé d'une paire de bœufs qu'il n'a jamais retrouvés. Coupables inconnus.

Volé de raisins au mois d'août 1889. Le voleur a été arrêté, reconnu et condamné à un an et un jour de prison. (1)

Feu Joseph FERRAT, *Guelma*. — Volé plus de cent fois de 1877 à 1890. A subi plus que tout autre le brigandage indigène : Vols avec effraction, la nuit, dans une maison habitée, actes de pillage, incendie, etc. *(Voir les documents annexes.)*

----

(1) Cette déclaration prouve qu'il n'y a aucun parti-pris de la part des colons ni des enquêteurs. L'enquête signale le bon comme le mauvais, la répression comme l'impuissance de la justice.

CHARLES DEPIERRIS, *Clauzel*. — Au mois de juin 1888, a été volé d'une jument et d'un mulet. La *bechara* offerte à cent francs a été traitée et acceptée au même prix. Le vol a été signalé ; il n'y a eu ni enquête ni instruction.

Déclare avoir obtenu trois bordelaises de vin comme récolte d'un hectare et demi de vigne, tout en gardant sa propriété contre les pillards. Les arabes ont fait feu trois fois, sur lui, sans l'atteindre.

MARCEL GEORGET, *Guelma*. — Volé de deux mulets en septembre 1888. *Bechara* offerte à deux cents francs, traitée et acceptée au même prix.

En février 1889, volé de cinq socs de charrue.

Le vol des bêtes n'a pas été signalé ni instruit ; celui des socs l'a été, mais l'instruction n'a produit aucun résultat.

Depuis décembre 1889, a été victime de trois tentatives de vol, heureusement repoussées, à sa ferme de Oued-Skroun. Le déclarant considère l'autorité judiciaire comme absolument impuissante à protéger les colons ; il déclare que l'application du Code pénal et du Code d'instruction criminelle aux indigènes est une utopie dont les colons sont et seront toujours victimes.

Veuve DELMAS, *Petit*. | Volée de cinq chèvres et d'une génisse en 1888. Rien retrouvé. Pas d'enquête.

En janvier 1889, assassinat du père de son mari ; l'instruction n'a pas abouti.

(Voir les documents annexes.)

ARON SULTAN, *Guelma*. — A été volé 7 fois, en 1881, en 1884 et en avril 1890. Trois mulets, des marchandises et de l'argent. Une fois la *bechara* fut offerte à 100 fr. mais ne fut pas acceptée. Les vols ont été signalés chaque fois. Rien n'a été fait.

L. GRILHAUT DES FONTAINES, *Guelma*. — Vaches volées en 1833. Linge et blé le 14 février 1888. La *bechara* offerte à 75 francs pour les vaches, a été acceptée à ce prix.

A connu les voleurs, ne les a pas signalés à la justice, considérant cette formalité comme superflue.

Est continuellement victime de nombreuses tentatives de vol qui échouent devant la grande vigilance des serviteurs de la ferme et devant la bonne garde des chiens.

EUGÈNE MILLET, *Guelma*. — Montre et effets d'habillement volés en octobre 1888. Déclaration du vol et numéro de la montre donné à la police. Pas de nouvelles depuis.

HENRI FEBVRE, *Clauzel*. — Trois bœufs volés en avril 1889. Les voleurs avaient percé le mur et brisé le cadenas de la porte.

Réveillé par du bruit, a tiré deux coups de feu et a pu reprendre deux bœufs qui étaient attachés avec une corde en diss. Point de *bechara* offerte ; elle n'aurait été acceptée à aucun prix.

Enquête faite par la gendarmerie. Point de résultats.

TIREIN, *Medjez-Amar.* — Quatre chevaux volés dans la nuit du 19 au 20 septembre 1888. *Bechara* offerte à 200 fr. et acceptée à ce prix. Les voleurs n'ont jamais été arrêtés.

JEAN-NICOLAS HUSSON, *Clauzel.* — Un bœuf volé en 1880, *bechara* offerte à 50 fr. par un inconnu, Refusée à n'importe quel prix. Enquête faite par la gendarmerie. Pas de suite.

A été victime, tous les ans sans exception, de vols de blé, orge, pommes de terre, raisins, etc..

En 1889, quatre sacs de blé sur la place à battre et plusieurs filets de blé dans les champs, ont disparu.

ANDRÉ MAUDEMAIN, *Guelma.* — Victime de quatre incendies en septembre 1880, août 1882, juillet 1888 et août 1889.

Victime de deux vols en octobre 1887 et en novembre 1888.

Une imitation d'enquête a été faite pour un seul des incendies.

Une enquête sérieuse a été faite pour un des vols. Trois voleurs ont été pris, un a été relâché au cours de l'instruction, deux ont été condamnés à dix ans de travaux forcés.

(Voir les documents annexes.)

VICTOR BUFFET, *Guelma.* — En 1881, huit moutons et une jument volés.

En 1884, deux fusils, linge et objets mobiliers. Vol avec escalade et effraction.

En 1885, vol avec effraction de divers objets : montre, fusil, linge et objets mobiliers.

(Voir les documents annexes.)

BOIVIN, notaire, *Guelma.* — Tentative d'effraction de la porte de son étude en février 1889. Pas d'enquête.

Dans sa propriété de Guelaât-bou-Sba, destruction volontaire, par l'arrachage, de cent pieds de vigne en juillet 1885 ; vol de la totalité de sa récolte de raisins encore verts le 17 août 1887 (environ quinze quintaux.)

BRULÉ, *Petit.* — 15 charges de blé volées en 1884 (environ 25 hectolitres). (1) Pas d'enquête.

Un bœuf volé en 1886, n'a jamais été retrouvé.

---

(1) Désignation de quantités ajoutée pour MM. les hauts fonctionnaires de France auxquels sera adressée la brochure.

En 1890, tout son troupeau volé à la fois, mais il a pu être repris à la suite de plusieurs coups de feu tirés sur les voleurs.

TOCHE frères, *Agence de Guelma*. — Tentative de vol avec effraction dans la nuit du 16 au 17 février 1887.

Les voleurs ont pratiqué un trou dans la muraille et ont pénétré dans le bureau. Ont fracturé tous les tiroirs et ont essayé de forcer le coffre sans pouvoir y réussir.

DE COURTOIS, *Bled-Gaffar (Petit.)* — En dix ans : un assassinat, quatre vols et deux tentatives de vol.

(Voir les documents annexes.)

A. GUIRAUD, *Héliopolis*. — Volé régulièrement chaque année d'une grande quantité de fruits et raisins.

Victime de deux vols avec effraction, la nuit, le 7 février et le 4 octobre 1888.

(Voir les documents annexes.)

A. ROBERT, *Petit*. — Volé de quatre bœufs et une vache, fin novembre 1889.

(Voir les documents annexes.)

JACQUES CATHALA, *Héliopolis*. — Deux tentatives de vol avec effraction. Vol d'olives en 1887. Vol de volailles en 1886. Vol d'oies en 1889. La même année, vol d'une charrue française. Enfin, le 27 octobre 1889, vol de deux chevaux et de deux bœufs.

AUGUSTIN PAILLE, *Héliopolis*. — Vols considérables de récoltes toutes les années dans un jardin aux portes du village, pendant la nuit.

JEAN SADELER, *Clauzel*. — Le 1ᵉʳ novembre 1889, tentative de vol avec effraction de tout un troupeau de trente bêtes à cornes. Les voleurs ont été dérangés au milieu de leurs opérations.

Nombreux vols de récoltes sur pied tous les ans.

Louis WARRISSE, propriétaire, *Guelma*. — Volé une dizaine de fois :

1° En septembre 1885, argent et bijoux ;
2° 24 octobre 1886, deux bœufs ;
3° En septembre 1887, maïs, blé et légumes ;
4° En 1888, deux vols : un cheval et du blé ;
5° En 1889, un cheval et des volailles ;
6° En 1890, deux vols avec effraction comprenant : un fusil, des volailles, des effets d'habillement, linge, chaussures, etc...

Jamais la *bechara* ne fut offerte ; un seul voleur a été connu et arrêté ; celui du blé, en 1888, qui fut condamné à trois mois de prison.

(Voir les documents annexes.)

GIRARD, propriétaire, *Clauzel.* — Vol avec effraction de deux bœufs en 1885, ne les a pas retrouvés même contre une be-chara.

En 1889, a été victime de vols de raisins à main armée ; deux coups de feu ont été tirés sur les gardiens de sa vigne.

FRANÇOIS-JOSEPH NICOLAS, *Héliopolis.* — Deux tentatives de vol avec effraction en avril 1881 et mars 1887. Réclame éner-giquement la responsabilité collective.

FRANÇOIS GÉNISSON, *Héliopolis.* — Vols d'armes, d'ins-truments agricoles, de récoltes, etc. etc.. en 1885-87-88 -89.

Ces différents vols ont été commis soit sur les propriétés rura-les, soit dans son habitation dans le village d'Héliopolis. Ne les a pas signalés certain d'avance du résultat négatif qu'il obtien-drait.

Victime aussi d'une tentative de vol avec effraction de toutes les bêtes de son écurie ; s'est levé et a mis en fuite les voleurs.

RIBARDIÈRE (femme) à *Petit.* — En 1883, vol de 16 hecto-litres de blé au moment de la récolte.

En 1884, vol d'un fusil, à 4 heures du soir, avec effraction d'une croisée, dans son domicile. A signalé ce vol aux autorités. Au-cune poursuite.

En 1885, vol d'une vache, d'une génisse et d'une chèvre dans son écurie.

MOÏSE ZURETTI, propriétaire, *Petit.* — Victime d'une ten-tative d'assassinat en 1885, a reçu un coup de feu en gardant sa vigne.

En 1888, vol de 350 francs d'argent, d'une montre et de divers objets.

En 1889, incendie d'une meule de fourrage et d'une charrette.

En janvier 1890, vol de *quarante-cinq* bœufs rattrapés à 2 kilomètres de la maison.

En mars, tentative de vol d'un troupeau par la démolition du mur de l'écurie.

Toutes les recherches ont été infructueuses. Les voleurs ont bien été signalés, quelques-uns arrêtés, mais ont été relâchés de suite, faute de preuves.

FRANÇOIS VAILLANT, *Clauzel.* — Une paire de bœufs.

ANTOINE FRANCHI, *Clauzel.* — Presque tout le linge de sa famille.

CABANIOLS, curé, *Clauzel*. —Trois cents francs en espèces.

FRANCHI, instituteur, *Clauzel*. — Armes et linge.

BIENVENU GRANIER, *Clauzel*. — Plusieurs sacs de blé

Moulin DOULAT, *Clauzel*. — Assassinat de Magias (Jean). Deux tentatives d'assassinat, vols continuels à décourager les locataires.
Aujourd'hui l'immeuble est abandonné.

Moulins BOUCHET et de SAINTE-CROIX,*Clauzel*. — Vols nombreux, coups de fusil assez fréquents.
Toutes ces déclarations sont faites et signées par l'honorable maire de Clauzel, M. H. Febvre, qui les certifie véritables au nom des victimes énumérées ci-dessus qui ont quitté le pays.
M. Febvre ajoute ensuite que les fermes des Beni-Addi, aujourd'hui abandonnées par l'élément européen, ont été bien souvent aussi dévalisées par les voleurs indigènes.
La maisonnette du chemin de fer, au passage à niveau de Medjez-Amar, n'a même pas été épargnée. Les bandits y ont pris des armes.

CLAUDE DARROT, *Héliopolis*. — Vols fréquents de produits de culture. Réclame énergiquement la responsabilité collective.

MARC SEGUIN, *Petit*. — Deux tentatives de vol avec effraction et bris de porte dans une maison habitée, en 1882 et en 1883.
Avril 1886. Vol avec escalade dans la cour de l'habitation d'articles de harnachement et autres objets. L'échelle ayant servi à l'escalade avait été volée chez un colon du village de Petit.
1er juin 1888. Vol de mouton dans un pacage clos.
13 août 1887, 13 août 1888, 3 septembre 1889, incendies de bois. Nous voyons les indigènes mettre le feu à plusieurs reprises, mais il est impossible de les reconnaître et de les approcher. L'incendie de 1889 détruit environ vingt hectares de bois renfermant beaucoup d'oliviers.

(Voir les documents annexes.)

A. ZAMITH, *Guelma*. — Vol de bestiaux dans la nuit du 21 au 22 janvier 1890. *Bechara* offerte et acceptée à 136 fr. Vol signalé, voleurs indiqués, arrêtés et condamnés à un an et un jour de prison.

(Voir les documents annexes.)

JACQUES GŒTZ, *Clauzel*. — Tentative de vol dans la cour de son habitation, en 1884 ; a essuyé un coup de feu en allant s'en rendre compte.

En 1887, tentative de vol dans son parc à bestiaux avortée par le bruit des chiens ; a aperçu deux arabes qui ont pris la fuite.

En 1888. Vol de récoltes.

En 1889. Tentative de vol de bestiaux. Réveillé par les chiens est sorti, a trouvé ses veaux dehors, la porte de la cour ouverte, la serrure cassée et un indigène tout nu, de grands cheveux sur la figure et marchant à quatre pattes pour terroriser les chiens et leur imposer silence.

V. MESSERSCHMITT, *Guelaât-bou-Sba*.—Volé chaque année de grandes quantités de fourrages, blé, orge et produits de culture.

A eu, en 1889, une charrue mise en morceaux dans sa vigne.

W. GUILLERIER, *Clauzel*. — En 1886, volé avec effraction de provisions de bouche dans la cuisine de son logement. Tentative d'effraction dans les autres pièces du logement.

En 1887, tentative d'effraction, bris de volet d'une fenêtre d'une chambre contiguë à la chambre à coucher.

Vol de volailles, fruits, légumes, tous les ans et à diverses reprises.

FRÉDÉRIC DUNKÉ, *Guelaât-bou-Sba*. — Volé chaque année de céréales, légumes et fourrage. A perdu, par incendie volontaire, en 1887, une meule de paille et fourrage de 900 francs.

BUSSUTIL, *Guelma*. — Assassinat d'un Européen retrouvé dans un puits abandonné de sa propriété en 1886. Volé chaque année de blé, orge, etc. En 1888, voleurs arrêtés par le Commissaire de police en personne, puis relâchés sans condamnation. La même année, tentative de vol en perçant le mur de la ferme.

JULES FEBVRE, *Clauzel*. — 1er novembre 1889, vol de deux bœufs en perçant le mur de l'écurie ; serrure et cadenas forcés. La *bechara* n'a pas été offerte ; elle n'aurait été acceptée à aucun prix. Plainte portée, enquête ouverte par la gendarmerie ; pas de résultats.

Tous les ans volé considérablement de blé, orge, et légumes, etc.

JEAN-NICOLAS HUSSON, *Aïn-Amara*. — Un frère lâchement assassiné dans sa demeure en 1880 en défendant une paire de bœufs

En 1882, vol avec effraction.

En 1889, a blessé d'un coup de feu un voleur surpris la nuit au milieu de sa cour.

Déclare qu'il est absolument impossible de faire de la culture maraîchère ; toutes les terres à potager sont abandonnées ; on fait de l'herbe là où on devrait faire des légumes pour nourrir sa famille.

KELLER et ZURRETTI, *Kellermann*. — 1° Vol avec effraction, dans une baraque en bois, à 7 ou 8 heures du matin, d'un fusil à deux coups, d'une montre en argent, 42 fr. de monnaie, divers effets et provisions. Plainte portée à la police ; pas d'enquête ;

2° 1888. Vol de deux chevaux et d'un mulet, à sept heures du soir. Ces bêtes ont été retrouvées deux jours après à la fontaine chaude d'Hammam-Berda ;

3° 1889. Vol de deux brebis ;

4° 1889. Vol sur l'aire à battre de deux cent cinquante doubles décalitres de blé environ ;

5° 1889. Vol d'un demi-hectare de raisin ;

6° 1890. Vol d'une vache dans le parc au milieu de quarante autres bêtes ;

7° 1890. Effraction de la porte de l'écurie entre une heure et deux heures du matin. Les voleurs déchaînent cinq bœufs et deux vaches laitières ; en entendant le bruit du fermier descendant du lit, ils abandonnent quatre bêtes et se sauvent avec les trois plus beaux bœufs.

Plainte est portée à la Gendarmerie, une enquête est faite le jour même et depuis... la justice informe.

Veuve Lucien GARNIER, *Aïn-Amara*. — Victime d'une tentative de vol d'une paire de bœufs, la nuit, avec effraction, en 1889.

Déclare avoir absolument abandonné la culture maraîchère qui nourrissait les voleurs. Achète ses légumes pour les besoins de sa famille.

GOZILLON, *Guelaât-bou-Sba*. — En 1887, vol d'un fusil. Quelques jours après, incendie d'un abri de garde de vignobles avec tous les objets de literie qu'il renfermait et un deuxième fusil remplaçant le premier.

En 1888, vol de trente kilos d'ail.

En 1889, vol de cent cinquante kilos de pommes de terre.

En 1889, également, plusieurs tentatives de vols de bestiaux, la nuit, avec effraction.

ROUSSELLE, *Guelma*. — 17 septembre 1883, tentative de vol de vingt-cinq bœufs.

Novembre 1885, vol avec effraction de deux cents litres d'huile.

Août 1889, vol d'un bœuf. *Bechara* ; 50 francs.

Septembre 1889, vol d'un bœuf. *Bechara* : 25 francs.

Juillet 1889, vol d'un bœuf.

Octobre 1889, vol d'un cheval. *Bechara* : 20 francs ; n'a pas abouti.

(Voir les documents annexes.)

Jacques WOLLMER, *Guelaât-bou-Sba*. — Vol avec effraction d'un fusil, la nuit, dans la chambre même où il dormait.

Clément THOMAS, *Héliopolis*. — En 1889, une jument volée à son domestique Messaoud ben Larbi, rendue contre une *bechara* de 100 francs.

En 1889, le 4 décembre, une mule appartenant à son berger Ahmed ben Sermah, a été volée dans la matinée et retrouvée le soir attachée à un arbre au sommet d'une montagne voisine.

NOUFFERT, Docteur-médecin, *Guelma*. — Tentative de vol avec effraction, nuit du 15 au 16 janvier 1882. Enquête ouverte par le service de la police. Pas de résultats.

Deuxième tentative d'effraction en 1888. Elle échoua par l'éveil donné par les chiens de garde.

Nombreux vol de fruits ; nombreuses mutilations ou destructions d'arbres.

Etienne MONGALD, *Guelaât-bou-Sba*. — Victime de vols considérables de blé, fourrages, fruits et légumes, chaque année.

Alexandre RONGIER, *Héliopolis*, — 10 avril 1889, vol avec effraction de quelques bestiaux lui ayant causé un dommage qu'il estime à 600 francs.

Subit également chaque année les vols de céréales, fourrages et légumes.

MONTAGNON, curé, *Guelaât-bou-Sba*. — A eu son jardin absolument dévalisé au mois de juin dernier.

Déclare, dans le but de démontrer, dit-il, l'avilissement de cette race, qu'il lui a été offert un jour une somme importante par un indigène, s'il voulait lui procurer une place qu'il était en son pouvoir de lui donner au détriment d'une autre personne.

SAURAT, propriétaire, *Héliopolis*. — En 1885, vol de vingt meulons de fourrage.

En 1887, vol d'un bœuf ramené moyennant une *bechara* de 75 francs.

En 1888, son orangerie entièrement dévastée.

En 1889, vol d'un cheval que les *khammès* sont parvenus à reprendre aux voleurs.

En 1889, encore, des malfaiteurs inconnus lui ont incendié une meule de paille d'une valeur approximative de 400 francs.

Déclare que les indigènes qui l'environnent sont plus maîtres chez lui que lui-même, s'élève contre les rancunes auxquelles expose tous les colons la mesure prise par le Parquet Général de faire réprimer les délits par les victimes elles-mêmes.

LAMBERT, *Guelaât-bou-Sba*.—Vol de bestiaux en 1884 et de fourrage en 1887. La *bechara* n'a pas été offerte et les bêtes n'ont pu être retrouvées.

Veuve VALENTIN BAUER. Tentative de vol avec effraction du portail de l'écurie en 1887.

En 1889, tentative de vol de cinq mulets la nuit ; mur de l'écurie percé.

A dû complètement abandonner la culture maraîchère qui lui servait en grande partie à nourrir sa famille.

SIMON METSINGER, *Guelaât-bou-Sba*. — Vol de maïs et de pommes de terre en 1889.

Veuve JEAN HUSSON, *Clauzel*.— Son mari tué par des voleurs qui essayaient de lui enlever des bœufs en démolissant l'écurie.

Vol de légumes et produits du sol tous les ans.

En 1888, vol de cinq filets de blé.

LÉON ROUYER, *Hammam-Meskoutine*. — Plusieurs tentatives de vol de toute espèce. Vol fréquents de récoltes ; tentative d'assassinat sur un gardien de vigne. Une seule fois, un voleur nommé El-Haoussine des Beni-Addi, a pu être pris ; il fut condamné à six mois de prison.

(*Voir les documents annexes.*)

HORACE ZAMITH, *Aïn-Amara*. — Nombreux vols de fourrage, de fruits et légumes.

En 1889, deux coups de feu ont été tirés sur les gardiens de sa vigne.

LOUIS MARAVAL, *Guelma*. — Nombreux vols de récoltes et de bestiaux en 1880-81-82-84-87-88 et 1889.

(*Voir les documents annexes.*)

DOCUMENTS ANNEXES

Guelma, 25 janvier 1890.

Monsieur le Président du Comice Agricole, Guelma,

Je suis désolé de ne pouvoir me contenter de votre questionnaire ; le nombre de vols dont j'ai été victime s'y oppose.

Depuis trois ans que je suis à Guelma, il m'a été volé 44 bêtes.

En septembre 1887, cinq bœufs, repris aux voleurs après coups de feu, menaces d'incendie et exécution ; j'avais donné les noms des Arabes m'ayant menacé ; mais, quoique pris à cinquante mètres du foyer d'incendie, ils n'ont pas été poursuivis, parce que je n'avais pas vu *gratter l'allumette*.

En 1888, une mule m'a été prise dans mon écurie ; je partais en France et Monsieur Dupont du Cluzau paya, pour moi, 125 francs de *bechara*. Ces braves gens avaient pris, en même temps, deux sacs d'orge, mais ils ne les ont pas donnés à la mule, je puis l'affirmer, vu son état de maigreur au retour.

En avril, je crois, une jument volée ; le voleur a été pris et condamné à *onze mois*.

Pourquoi ? Il n'était pas plus coupable que les autres.

L'été suivant, je ne sais plus au juste à quelle date, on me prévient que cinq bœufs et vaches ont été volés. Deux gendarmes me sont donnés pour rechercher les coupables ; je les conduis au gourbi du voleur ; l'homme est pris, les bêtes me sont rendues, pas de suite.

Après la moisson, *dix-sept* bœufs me sont volés un lundi, pendant que mes *khammès* sont au marché. Je les retrouve moi-même au-delà d'Aïn-Abid, je n'ai pas porté plainte.

Dans la nuit du 4 au 5 février 1889, *douze* vaches me sont volées. On vient chercher les gendarmes ; on les mène à l'endroit où sont les bêtes, — dans un bordj ; — les bêtes me sont rendues, mais pas de poursuites.

Voilà, Monsieur le Président, l'exposé de tous les vols que j'ai eus à supporter ; ils sont, je crois, assez nombreux pour le laps de temps qui s'est écoulé depuis mon arrivée ici. Mais, si un jour, voulant rentrer en possession de mon bien, je suis couché en joue par un Arabe et que, plus vif que lui, je le tue d'un coup de révolver, que me fera-t-on ? [1]

La vertu est-elle toujours récompensée ?

Recevez, etc...

HENRI THIBAULT.

Enchir-Saïd, le 27 février 1890.

Monsieur le Président du Comice Agricole, Guelma.

. . . .

Sans compter le vol, en 1883, de la clef de mon habitation, dont on a tenté de se servir trois mois après,

Sans compter une tentative de vol — peut-être d'assassinat — opérée dans la nuit du 18 au 19 février dernier, en perçant le mur d'une de mes chambres,

Sans compter ce dont je ne me souviens pas, sans compter des centaines de maraudages importants dans le jardin *clos* attenant à mon habitation.

Le droit commun appliqué en Algérie (remarquez que je ne dis pas *aux indigènes*, parce que certains savent que si les indigènes ont commis 99 crimes, le centième peut fort bien leur être attribué), je dis donc que le droit commun appliqué ici est une vraie... balançoire.

Comme garantie, je désirerais la responsabilité collective, le désarmement de tous les indigènes (qu'ils se gardent ou se volent entre eux), et si, après, il se produit encore des vols, on cherchera *ailleurs*.

Je me résume : quatre-vingt-dix-neuf vols et demi sont commis par des indigènes ; mais ne pas oublier le *demi* [2]

J'ai 41 ans d'Afrique et je parle par expérience ; et je signe

L. GENTET.

Millésimo, 12 février 1890.

Monsieur le Président,

. . . .

A la suite du vol de la paire de bœufs dont j'ai été victime en 1887, un indigène s'est présenté chez moi et m'a offert la *bechara*

---

[1] N. D. L. R. — Tuez-le, mais ne le blessez pas ! La cour d'assises plutôt que la correctionnelle !

[2] N. D. L. R. — Ce vieux colon vient donner raison à ce que nous disions dans notre dernier numéro. *Les associés ne sont pas tous indigènes, il s'en faut.*

moyennant 190 francs. Je l'ai fait arrêter et conduire au parquet. Il a été relâché.

En 1888, après le vol de mes quatre juments et de mes deux pouliches, la *bechara* m'a été offerte à 550 francs ; je ne l'ai pas acceptée. J'ai signalé les voleurs. Il y a eu des recherches judiciaires ; mes six bêtes ont été retrouvées ; un indigène a été arrêté ; je n'ai jamais entendu parler de condamnation ni de jugement.

Plusieurs ouvertures ont été pratiquées dans les murs de mon habitation, mais sans résultats.

En décembre 1888, deux charrues françaises, en service aux labours, ont été démontées et les pièces cachées par des indigènes.

Veuve UZAC.

~~~~

En 1887, un bœuf m'a été volé et rendu contre 70 francs de *bechara*.

En 1888, une vache volée m'a été rendue malgré 20 francs de *bechara* donnés par mon berger.

En août 1888, vol avec effraction d'effets d'habillement et de literie d'une valeur de six à sept cents francs. Plainte portée au Commissariat de police. Rien découvert.

En septembre 1888, tentative de vol avec effraction. Pièce à conviction déposée au Parquet. Rien découvert.

En octobre 1889, tentative d'assassinat, j'ai essuyé deux coups de feu sur la route, en voiture, le troisième a raté ; deux balles ont traversé le chapeau d'une personne de ma famille ; je n'ai pas porté plainte.

De l'enquête à laquelle je me suis livré, j'ai acquis la connaissance des noms des voleurs d'effets et de ceux qui ont tiré les coups de feu. Mais l'absence de preuves m'a obligé au silence et m'y oblige encore.

À mon avis, ce qui se passe provient de ce que la chancellerie prescrit aux magistrats ou aux officiers de police judiciaire d'éviter les transports et les recherches. Un exemple entre autres :

Un propriétaire a tué, un jour, un indigène qui le dévalisait. Si la justice s'était immédiatement transportée sur les lieux, elle aurait trouvé le père du voleur tué qui, sur le moment, poussé par la douleur, aurait certainement dénoncé les complices contre lesquels les preuves abondaient. Cela eut permis de détruire un repaire de voleurs et, par suite, d'inspirer une crainte salutaire à leurs congénères.

<div style="text-align:right">H. RIGOLLET.</div>

~~~~

Monsieur le Président du Comice Agricole, Guelma.

J'ai été aussi victime d'autres déprédations de la part des indigènes. Le 24 octobre 1888, un rapport du maire de Millésimo à M. le Procureur de la République de Guelma, lui signalait que quatorze sujets d'ormes avaient été coupés dans ma propriété de l'Oued-Zimba. Pas de suites ni de recherches. Refus de perquisition m'a été donné par le Procureur.

Dans les premiers jours du mois d'août 1887 ; trois tentatives de vol ont été faites en trois nuits différentes à ma propriété du Bou-Guergar.

La troisième nuit, les malfaiteurs ont incendié :

1° Le gourbi de mon berger, Salah ben Saïd, et les 3/4 de son mobilier ;

2° Un gourbi servant d'écurie à mes juments et mulets ;

3° Un gourbi servant de remise pour mes grains et mes instruments ou outils d'agriculture ;

4° Le parc de mon troupeau.

La gendarmerie s'est transportée sur les lieux, a fait un rapport et... c'est tout.

Jean-Baptiste Gerboulet.

Monsieur le Président,

Je parle ici au nom de mon fils qui n'est plus ; le 1er octobre 1888, à 8 heures du soir, il tombait, assassiné d'un coup de feu, à 40 mètres de la maison.

A la suite de ce crime et sur dénonciation, trois indigènes ont été arrêtés ; l'enquête ouverte n'a donné aucun résultat et les coupables présumés ont été relâchés. L'affaire a été abandonnée.

En septembre 1881, un bœuf de labour lui fut volé. La bechara lui fut offerte, débattue et convenue à 60 francs, mais l'opération n'aboutit pas sous prétexte que la bête avait été dirigée sur Sétif.

En Août 1882, on lui vola un mulet ; les voleurs, effrayés sans doute par les recherches qui se faisaient, l'abandonnèrent et le mulet conduit à la fourrière de la Commune mixte de l'Oued-Cherf, fut vendu aux enchères pour la somme de 325 francs.

Le 16 septembre 1874, un cheval lui fut encore volé ; on n'eut jamais de ses nouvelles.

Enfin, en 1888, il a fini par payer de sa personne.

Cheymol père.

Guelaât-bou-Sba, le 27 Mars 1890.

Monsieur le Président du Comice Agricole de Guelma,

Je considère comme un impérieux devoir de répondre au questionnaire que vous adressez aux colons de la région de Guelma au sujet des vols dont ils ont pu être victimes.

Il m'est impossible d'assigner une date exacte (année, mois, jour), aux faits dont j'ai à me plaindre pendant la période décennale de 1880 à 1890, mais je peux vous affirmer que le brigandage arabe compte, à son actif, les actes suivants :

1° Deux tentatives de vol avec effraction, à mon domicile, mais qui ont échoué. L'objet convoité était mon coffre-fort.

2° Vol avec effraction de dix charges de blé.

3° Vol d'une paire de bœufs confiés à la garde d'un berger. Ces bœufs, vu leur état d'extrême maigreur, ont été rendus contre le paiement d'une *bechara* de 25 francs.

4° Coupage de plus de 200 pieds de vigne.

5° Sciage et coupage de plusieurs eucalyptus et d'autres arbres de diverses essences.

Je ne mentionne que comme simples peccadilles les nombreux vols de moindre importance dont j'ai été l'objet.

Enfin, et pour finir, à la fin de 1888, incendie d'une meule de fourrage, la seule que je possédais.

Tous ces méfaits sont restés impunis, sauf pour l'indigène qui a coupé les pieds de vigne et qui a été condamné à un an de prison.

En présence du résultat négatif auquel aboutissent les dix-neuf vingtièmes des plaintes, je suis décidé à ne plus signaler à l'avenir les actes de brigandage dont je peux être de nouveau victime.

On ne peut qu'être profondément écœuré en voyant la placide indifférence de l'administration actuelle en présence d'un état de choses qui tient en échec la colonisation.

J'ai beau me torturer la cervelle, je ne trouve pas d'autre qualification à appliquer à cette indifférence que : aveugle, bête ou criminelle.

On est à se demander où nous allons. Indubitablement à la liquidation de la colonisation, si un prompt et énergique remède n'est pas apporté à une situation aussi grave.

Sans sécurité, pas de colonisation possible ; c'est une vérité qui crève les yeux, excepté ceux de nos gouvernants.

On se demande avec tristesse si la France aurait dépensé, dans ce pays, tant de centaines de millions et sacrifié tant de précieuses existences pour arriver à ceci : que le coin le plus mal famé de la Calabre est un Eden à côté de l'Algérie.

Et pendant que jour et nuit le colon est sur le qui-vive pour défendre son existence et le pain de ses enfants, le conseil supérieur est réuni pour s'occuper de l'octroi de mer.

La maison brûle et on discute gravement sur le badigeon qu'on veut lui donner.

Pauvre Algérie, en quelles mains débiles es-tu tombée ?

A. BAILLEUL.

Monsieur le Président du Comice agricole, Guelma.

Il m'est assez difficile de répondre en détail à votre questionnaire.

Je puis vous dire, toutefois, que, depuis deux ans, j'ai été victime de deux vols, par effraction, assez importants. Une première fois, le mur du bureau a été percé de part en part sur une épaisseur de 60 centimètres, et une somme de trois cents francs a été volée ; on s'est contenté d'envoyer, deux à trois jours après, deux gendarmes qui se sont amusés à rédiger un procès-verbal. Aucune suite n'a été donnée à l'affaire.

Il y a une quinzaine de jours à peine, la porte d'un de nos magasins à huile a été brisée la nuit et soixante litres d'huile environ ont été volés. Les soupçons se sont portés immédiatement sur un Kabyle travaillant à nos vignes. Il avait les habits et les mains tachés d'huile. Son attitude, ses menaces antérieures étaient, en outre, des présomptions suffisantes. Le garde-champêtre d'Héliopolis le fait arrêter ; le juge d'instruction de Guelma rend une ordonnance de non lieu, faute de preuves suffisantes !!

Je dois vous faire remarquer, Monsieur, que le travail de nuit, dans nos usines qui restent éclairées de six heures du soir à six heures du matin et sont parcourues sans cesse par un personnel de ronde, assure à notre exploitation une sécurité relative. Et pourtant, nous ne sommes pas à l'abri des vols et des alertes !!

Quant aux moyens de remédier à cette situation critique, je les ai indiqués sommairement dans un article du *Petit Guelma*. dont voici les principaux passages :

« N'est-il donc aucun remède à ce chancre rongeur : le banditisme indigène ?

« Oui, certes, et un remède facile à appliquer ; *un Service de « Sûreté départemental*, avec budget de fonds secrets, pour « *pister* .es voleurs et provoquer la délation.

« Dans la métropole, à Paris principalement, la police secrète ne joue-t-elle pas un rôle capital ? N'est-elle pas un des rouages essentiels de la Préfecture de Police de la Seine ?

« Pourquoi ne pas l'essayer en Algérie ? pourquoi ne pas organiser un service spécial de sûreté par département, enserrant le territoire dans un inextricable réseau de surveillance minutieuse ?

« Comme corollaire à cette organisation, il faudrait *cantonner*, sous la surveillance spéciale de la police ou de l'autorité militaire, dans des régions éloignées du périmètre colonisé, tous ces indigènes vagabonds, tous ces maraudeurs sans feu ni lieu. qui vivent de rapines, de recels et constituent pour leurs coréligionnaires aussi bien que pour les colons, le plus menaçant des dangers.

« Il y a quelques années, un Arabe de grande famille, universellement respecté, Ben Badis, Conseiller général au titre indigène, avait, dans une brochure très intéressante, préconisé ce système de cantonnement appliqué aux vagabonds et aux récidivistes.

« Aux environs de Guelma, dans les fourrés de la Mahouna, de l'Haouara, tous nous connaissons les repaires, les noms de ces bandits dont l'unique profession est le vol, le recel.

« C'est d'eux que partent les mots d'ordre de pillage, les offres de *bechara*.

« Les indigènes les redoutent, et n'osent pas les dénoncer. Beaucoup même (et des colons aussi) leur paient, pour assurer la tranquillité de leur foyer, de véritables impôts.

« C'est, en un mot, le vol organisé, connu et pourtant toléré par l'autorité impuissante.

« Aujourd'hui, l'alternative se pose nette et menaçante : ou assurer la sécurité par un moyen quelconque, ou abandonner l'Algérie, et renoncer à toute colonisation. »

Je crois que le système de police secrète — combiné avec les modifications au Code pénal, que vous préconisez dans votre lettre à M. Forcioli, diminuerait dans de notables proportions le nombre et l'importance des vols et des crimes.

Veuillez agréer, etc.

Louis Lavie.

DÉCLARATION

Mon père, Joseph Ferrat, est mort le 10 avril 1889, victime des nombreux attentats dirigés contre sa personne et contre son bien.

Je ne crains pas d'affirmer que depuis une douzaine d'années plus de cent vols ou tentatives de vols ont été commis à notre préjudice. Une fois, pour deux chevaux volés, la *bechara* nous fut offerte contre de la poudre, des armes et une somme d'argent à déterminer. Ces offres furent énergiquement repoussées.

Les vols ont été signalés, des enquêtes ont eu lieu, je n'en connais pas les résultats.

Après les vols sérieux d'avril 1889, neuf indigènes ont été pris et j'ai su que deux ou trois d'entre eux *avaient* avoué y avoir participé !..... Aucune nouvelle depuis !..... Cependant il me semble qu'un crime comme celui-là (pillage, vol, incendie dans une campagne fermée, aux portes de la ville), mériterait un châtiment *immédiat*.

J. Ferrat fils.

DÉCLARATION

Au milieu du mois de janvier 1889, Albert Delmas, mon beau-père, vieillard âgé de *quatre-vingts ans*, a été tué dans son lit avec une arme à feu, et son armoire a été fouillée. La porte de la maison a été trouvée ouverte sans porter aucune trace d'effraction, soit que le propriétaire eût oublié de la fermer, soit que l'un des assassins se fût caché dans l'intérieur de l'appartement.

Dans la cour, au contraire, la barrière avait été forcée et la haie éventrée. Dans la boue de cette cour, on voyait des empreintes de nombreuses traces de pieds, les uns nus, les autres chaussés de diverses chaussures arabes.

Quatre gardes de nuit indigènes [1] qui faisaient ce soir-là le guet dans le village ont prétendu n'avoir rien entendu, pas même le coup de feu. Contrairement à l'avis du Maire, l'autorité judiciaire a cru ne pas devoir les inquiéter et l'affaire est tombée dans l'oubli comme tant d'autres.

L'année précédente, en 1888, on nous avait volé cinq chèvres et une génisse à onze jours de distance.

Veuve DELMAS.

Monsieur le Rédacteur en chef du *Petit Guelma*,

Quoi de plus navrant et de plus instructif à la fois, que cette longue publication des jugements *par contumace* rendus dans la séance du 28 janvier dernier de la Cour d'Assises de Bône et intéressant seulement l'arrondissement judiciaire de Guelma.

Trois condamnés à la peine de mort.

Cinq condamnés aux travaux forcés à perpétuité.

Un condamné à dix années de maison de correction, tel est le gibier que le Parquet de Guelma n'a pu parvenir à coffrer, toujours et sans doute pour économiser les frais de justice criminelle, se conformant ainsi aux instructions expresses de M. le Garde des sceaux, qui n'est certainement pas propriétaire d'une ferme isolée en Algérie.

Ces aimables coquins, il est vrai, moins le meurtrier de la pauvre petite Quiot, de Bled-Gaffar, et celui de Michel Grosso, de Souk-Ahras, ne sont guère coupables que d'avoir *chouriné* plus ou moins proprement quelques-uns ou quelques-unes de leurs congénères.

J'estime que ces gens-là devraient être récompensés, car, en somme, ceux qu'ils ont lancés dans l'éternité ne valaient peut-être pas mieux qu'eux, et je ne puis m'empêcher de penser que moins il y aura d'indigènes, moins il y aura de criminels. Mais ce qu'il y a d'inquiétant, c'est que le Parquet, lui qui ne pense pas comme

---

[1] J'aurais commencé par coffrer ces quatre gaillards-là. Simple réflexion.—N. D. L. R.

nous, n'ait pas pu trouver le moyen de mettre la main sur cette belle société. On les lui paralyse ces moyens, nous le savons, et c'est bien pour être entendus en haut lieu que nous crions si fort et si longtemps.

Si ces braves gens (je parle des contumaces) n'éprouvent aucun scrupule, aucune hésitation à détruire leurs semblables, j'ai peine à croire qu'ils respecteraient davantage la peau d'un *Roumi* et je ne suis pas rassuré du tout, — oh! mais, pas du tout, — quand je pense que l'un ou plusieurs de ces intéressants personnages a pu venir s'établir dans mon voisinage.

C'est très joli de réduire les frais de justice criminelle ! Le pays réclame depuis longtemps des économies sérieuses, mais j'estime qu'il y en aurait de plus faciles et de moins dangereuses à faire. En somme, le colon qui paie fort cher pour protéger sa personne et ses biens aurait quelques droits à trouver détestable un tel détournement de ses deniers.

Pourquoi depuis deux ou trois ans, le maraudage, la rapine, les délits de pacage et autres vexations des indigènes se sont-ils autant multipliés ? La réponse est facile et nous pouvons la servir à M. le Procureur général, car c'est lui seul qui nous a procuré cette aggravation de mal et de misères.

Aujourd'hui, le garde-champêtre ne peut plus poursuivre correctionnellement : La verbalisation n'est faite que sur requête du plaignant qui doit avancer tous les frais de poursuite, d'assignation d'inculpé, de citation de témoins, se porter partie civile, etc..., etc..., pour arriver quelquefois encore à un renvoi de la plainte. Inutile d'insister, n'est-ce pas ? il est certain que plutôt de remplir toutes ces formalités et de faire eux-mêmes les frais de justice, les colons préfèrent se laisser voler.

Si un beau jour, le pillage dépasse la mesure ou vos prévisions, et que vous vouliez tâter de la combinaison qui vous est offerte par le Parquet général, la situation est pire encore. Vous obtenez ou non une condamnation, quelquefois des dommages-intérêts dérisoires, et, trois mois après, au plus tard, l'inculpé se venge du rôle de ministère public qu'on vous a imposé en incendiant ou vous dévalisant.

Experto crede Roberto

Je défie qui que ce soit de me contredire. Aussi Messieurs les indigènes auraient grand tort de se gêner ; on leur a fait réellement la partie trop belle, ils en profitent et ils font bien.

Et dire qu'il serait si simple d'en revenir aux moyens de répression des bureaux arabes.

Pour terminer, je me permettrai de soumettre à Messieurs les chefs de Parquet en Algérie la question suivante :

Sous quelle rubrique un colon doit-il faire figurer sur ses livres de commerce ou de dépenses d'exploitation le montant de la petite opération licite connue sous le nom de *bechara* ?

Car, enfin, le colon est plus ou moins commerçant ; il vend son vin, son huile, son blé, etc...., ou, du moins, ce qui lui reste après le vol de ces différents produits. Il est donc tenu, d'après la loi, d'avoir des livres de dépenses, et celle qui fait l'objet de la question ci-dessus doit évidemment y figurer comme toute autre.

Mettra-t-on : Payé 300 francs pour indemnité aux voleurs de la région ?

Ou bien : Frais de contribution à l'entretien du brigandage indigène : 300 francs ?

Ou bien encore · Impositions particulières pour économiser les frais de justice criminelle : 300 francs ?

Quelle que soit la formule choisie, je doute fort que ce motif de dépense soit de nature à augmenter la valeur des propriétés rurales en Algérie quand vous mettrez vos livres sous les yeux d'un acquéreur possible.

Veuillez agréer, etc...

Ch. Renier.

DÉCLARATION

A la suite des divers crimes dont j'ai été victime, j'ai pu faire des constatations intéressantes.

J'ai reconnu qu'il est très difficile d'obtenir de témoins arabes de dire ce qu'ils savent, outre que, pour eux, voler un européen est œuvre pie.

Il faut encore compter avec la terreur que leur inspirent les bandits qui les menacent de mort, de vol ou d'incendie. L'un de mes deux voleurs condamnés à dix ans de travaux forcés avait menacé les témoins de mort. Le lendemain de leur déposition au Parquet, l'un de ces témoins fut assailli à coups de couteau par un des inculpés et ne dut la vie qu'au secours apporté par des voisins.

André Maudemain.

DÉCLARATION

En 1881, j'eus huit moutons volés dans un parc gardé par deux gourbis, tandis qu'une vingtaine de bêtes, appartenant à des arabes, furent respectées, bien que remisées dans le même parc.

Huit jours après, une jument m'est volée dans l'écurie dont on avait enfoncé la porte. Cent francs de *bechara* donnés pour le tout ont été perdus ainsi que les bêtes. Des arabes arrêtés ont fait deux mois de prévention.

En 1884, les voleurs ont démoli la couverture de la cuisine pour s'introduire et ont volé deux fusils, des ustensiles de cuisine et du linge. Les recherches des autorités ont été infructueuses.

En 1885, vol plus qu'audacieux : on s'est introduit par la croisée donnant à la tête d'un lit dans une chambre où cinb personnes dormaient ; on a volé une montre, du linge, des objets mobiliers et un fusil appartenant à la Commune. Toutes les recherches de la police et de la gendarmerie ont été vaines.

Il résulte que ma propriété est devenue tellement la proie des assassins et des voleurs que je ne puis en retirer aucun profit et je me vois sur le point de tout abandonner étant volé tous les ans et risquant d'être assassiné.

Victor Buffet,
Doyen de la province de Constantine.

～～～～

Bône, le 12 Avril 1890.

Monsieur le Président du Comice Agricole,

Je viens compléter les renseignements donnés par le *Petit Guelma*, sur le vol dont j'ai été victime en mai 1887.

J'avais un arabe qui me quitta brusquement parce que je ne voulais pas l'augmenter. Ceci se passait le 2 ou le 3 avril. Comme il était au mois et qu'il me quittait sans me prévenir à l'avance je refusai de lui payer les deux ou trois journées d'avril. Il m'attaqua en justice de paix, perdit son procès, et me dit en sortant que cela me coûterait cher. En effet, un mois après, trois bœufs m'étaient volés ; un d'eux réussit à s'échapper et revint à l'écurie où il mourut quelque temps après des suites des mauvais traitements que lui avaient fait subir les voleurs.

J'allai immédiatement au Parquet déposer une plainte et dénoncer l'arabe en question. M. le Procureur me fit tellement pressentir que si je n'avais pas de preuves je pourrais être attaqué en dommages-intérêts, qu'il me parut prudent de ne pas aller plus loin. Cependant la gendarmerie vint et il se fit beaucoup de bruit pour peu d'effet.

La *bechara* me fut offerte et j'acceptai pour 75 fr. Mais les arabes eurent probablement peur de ce que j'avais, du reste, l'intention de faire que mes bêtes ne me furent pas rendues.

J'armai une expédition pour la Mahouna et cinq hommes partirent à 10 heures du soir pour ce repaire de bandits. Au point du jour, ils arrivèrent en face d'un plateau sur lequel ils virent deux à trois cents bêtes. Mes deux bœufs se trouvaient juste en face d'eux.

Comme ils ne connaissaient pas le terrain, ils durent faire un long détour pour franchir le ravin qui les séparait du plateau, mais lorsqu'ils y arrivèrent, tout avait disparu. Une sentinelle perchée sur un rocher avait donné l'éveil.

J'avais un autre arabe qui est parti à la fin du mois dernier pour le même motif. Il a également fait des menaces et, en effet, trois jours après, j'étais victime d'une tentative de vol. Mon chien de garde aboyant très fort, l'arabe a voulu s'en débarrasser. Un moellon qui lui était destiné est tombé sur une charrette, le bruit a réveillé mes hommes et les voisins, et l'arabe s'est sauvé.

Je m'attends certainement à être volé. Pensez-vous que je connaîtrai encore facilement le voleur ?

Pensez-vous que sur une plainte mon arabe sera poursuivi ?

J'ai cependant écrit hier à M. le Procureur pour le prévenir de ces faits.

Si l'on ne veut pas revenir aux bureaux arabes, pourquoi ne pas donner la même autorité et les mêmes moyens aux Maires ou aux Administrateurs qui ne l'ont pas ? Il ne serait pas difficile de connaître celui qui ne ferait pas son devoir, car toute bête volée devrait être rendue ou payée par la tribu voisine. Autrefois, on opérait ainsi ; il y avait moins de vols, et quand on volait on payait si l'on ne rendait pas. Le colon y trouvait toujours son compte.

Veuillez agréer, etc...

THÉOPHILE CHAUMONT.

DÉCLARATION

1° Un assassinat, celui de la fille Quiot, en 1880, au mois de janvier;

Un des deux assassins a été condamné à mort et gracié ; l'autre, d'abord en fuite, a été arrêté en 1888, reconnu par tous les Européens qui l'avaient connu avant le crime ; son identité a été niée par tous les indigènes et il a été relâché !!!

2° *Huit bêtes* volées au mois de novembre 1885, *bechara* demandée et payée 80 francs. J'ai pu ensuite faire condamner les voleurs à dix-huit mois de prison ;

3° *Cinq bêtes* volées en octobre 1889, *bechara* offerte à *deux cents francs* et refusée. Les voleurs sont en prison et l'affaire est en instruction ;

4° Un vol de six sacs de blé en août 1889. Les voleurs sont bien connus. Il y a eu enquête sommaire mais pas d'arrestations ;

5° Un vol avec effraction en septembre 1889. Les voleurs ont pris un fusil, de la poudre et des vêtements à un de mes employés habitant une maisonnette isolée.

Le voleur du fusil a été découvert par l'autorité locale de Petit ; cette affaire est en ce moment à l'instruction ;

6° et 7° Deux tentatives de vols de bestiaux, pendant la nuit, en mars 1884.

Voleurs inconnus, ni plainte ni enquête.

Voilà le bilan de dix ans d'existence d'un colon qui n'a jamais fait tort aux arabes d'un centime, qui les a soignés et médicamentés gratis et leur a rendu mille services.

Bled-Gaffar, le 10 janvier 1890.

Docteur HENRI DE COURTOIS,
Maire de Petit.

DÉCLARATION

Le 7 février 1888, les voleurs réussirent à pénétrer dans mon usine et à enlever pour deux cent cinquante francs environ de grains et farines.

Le 4 octobre, ils avaient de nouveau réussi à pénétrer dans le même magasin. Le bruit qu'ils firent nous réveilla, mon frère et moi. Nous comptâmes *onze* voleurs sur deux desquels nous tirâmes quatre coups de fusil chargés à chevrotines.

Les deux voleurs tirés durent être blessés assez grièvement, car il nous fut possible de suivre deux trainées de sang se dirigeant, l'une au-dessus de Guelma, l'autre dans la direction d'Aïn-Beïda.

La justice, informée le matin même, fit dresser un procès-verbal par deux gendarmes qui n'arrivèrent que *le lendemain à quatre heures du soir*, et ne crut pas devoir opérer des perquisitions dans les douars.

ALEXANDRE GUIRAUD,
Propriétaire minotier à Héliopolis.

DÉCLARATION

Juste le matin du jour où je devais commencer mes labours, entrant dans la cour, j'ai trouvé le portail ouvert, la serrure forcée et l'écurie vide.

Dans la nuit, on m'avait enlevé mes quatre bœufs de travail et une jeune vache qui était grosse. Les voleurs avaient parfaitement fait choix des bêtes grasses et de valeur et avaient laissé le restant.

Toutes les recherches, toutes les promesses sont restées infructueuses et si, par esprit de solidarité, les colons n'étaient pas venus à mon secours, je n'aurais pas eu un grain de blé pour nourrir mes trois enfants.

ROBERT,
Propriétaire à Petit.

Guelma, le 22 avril 1890.

Monsieur le Président du Comice Agricole, Guelma.

Je vous ai adressé, il y a quelques jours, la réponse à votre questionnaire. Je crois devoir y ajouter quelques détails.

Un de mes incendies a été allumé le 20 août 1884. Le 18, un de mes arabes a la main traversée de part en part en empêchant trois jeunes bandits de voler un de mes mulets sur lequel était monté un maçon italien qui devait être tué s'il résistait.

Le 19, sur la demande du blessé, je l'accompagne au parquet où il fait sa plainte.

Le 20, à onze heures du matin, le feu est mis dans des chaumes, gagne des oliviers, m'en brûle un millier environ et 200 hectares de lièges à l'Etat.

A midi, les autorités de Guelma étaient prévenues.

A *six heures du soir*, viennent un brigadier du train et deux gendarmes demander s'il faut envoyer du secours. Le commandant d'armes avait déjà déclaré qu'il lui était interdit de déplacer ses troupes. J'avoue avoir trouvé ces ordres singuliers, car étant en garnison à Constantine, je suis allé souvent éteindre des incendies de chaume et même de *diss* à plus de quinze kilomètres ; mais passons.

Le Parquet ne poursuivit ni pour le coup de couteau, ni pour l'incendie.

Dans la nuit du 22 au 23 novembre 1888, un trou est fait dans le mur d'une de mes fermes ; du blé et des fèves sont volés. La plainte est faite. Les gendarmes arrivent, vont jusqu'aux gourbis où le grain volé a été déposé ; sur le seuil, ils s'arrêtent, n'ayant pas le droit de pénétrer à l'intérieur.

Des témoins déclarent avoir connaissance du vol, désignent les coupables, puis, menacés de mort par ceux-ci, ils se taisent et enfin se décident à parler.

Le lendemain de leur déposition au Parquet, l'un des témoins est frappé par un des voleurs qu'il a dénoncés, d'un coup de couteau qui lui coupe sa *cachabia* à hauteur du ventre. Il appelle ; un de ses voisins vient à son secours et reçoit, lui aussi, un coup de couteau qui lui coupe la moitié de l'index. D'autres arabes accourent, désarment et arrêtent l'assassin puis le conduisent à Guelma.

Je les accompagne et vais au parquet raconter les faits. M. le Procureur étant absent, je suis reçu par M. le substitut qui, trouvant l'affaire grave, me dit qu'il fera écrouer le coupable à son arrivée.

On amène le bandit pendant l'audience ; il est reçu par le secrétaire du Parquet qui l'envoie se faire établir un certificat de blessures pour les égratignures qu'il avait reçues dans la lutte au moment de son arrestation, et qui le *relâche* sans même adresser la parole au Kébir de douar, ni à l'homme blessé en l'arrêtant lesquels se trouvaient présents tous les deux.

L'affaire m'est racontée à onze heures, au Cercle, devant plusieurs personnes dont un juge qui me déclare que c'est impossible et s'offre à m'accompagner au tribunal pour éclaircir l'affaire. Nous trouvons M. le Substitut qui n'a pas été prévenu et qui demande à son secrétaire des explications.

Celui-ci fait la stupéfiante réponse suivante :

« *Dame ! il (l'assassin) ne se plaignait pas, je l'ai renvoyé en lui disant que la gendarmerie l'irait prévenir si on avait besoin de lui.* »

Je demande alors si, au cas où je le trouverais, je pourrais le faire ramener. M. le Substitut m'y autorise et, une demi-heure après, j'arrêtais moi-même ce bandit et l'amenais au Parquet ; il fut écroué séance tenante.

La Cour d'assises de Bône l'a condamné à dix ans de travaux forcés.

Je dois ajouter que M. le Procureur et M. le Juge d'instruction ont fait tout ce qu'ils ont pu pour m'aider à trouver les coupables. Mais ne trouvez-vous pas admirables ces gendarmes arrêtés sur le seuil d'un gourbi dans lequel se trouve le produit du vol et n'ayant pas le droit d'y entrer. Est-ce assez Chinois ?

Un dernier mot :

Il est certainement des gens qui croient encore que les Arabes ne s'en prennent qu'à ceux dont ils ont à se plaindre et qui ne manquent pas de dire, en lisant la volumineuse nomenclature des crimes que vous publiez, que nous avons dû commettre bien des méfaits à l'encontre de ces pauvres diables pour être de leur part, l'objet de tant d'attaques répétées.

A ceux-là, nous pourrons répondre que s'il nous était possible de publier les vols commis chez les indigènes et les *becharas* payées par eux, leurs plaintes seraient dix fois plus nombreuses que les nôtres. J'ai connaissance de plus de cent vols dans un rayon de *cinq* kilomètres autour de moi ; il n'y a pas eu dix plaintes.

Il nous est permis de dire, sans crainte d'être démenti, que les Arabes souffrent du banditisme encore plus que nous-mêmes.

André Maudemain.

———

Monsieur le Président du Comice Agricole,

L'espace manquant dans votre questionnaire pour y répondre comme je le voudrais, je prends la liberté d'y joindre quelques observations.

J'ai été volé, plus ou moins, chaque année, de 1880 à 1890 et aussi avant ; *neuf fois* dans une même année, quoique je sois tout près de la ville, et, malgré la surveillance continuelle que j'ai toujours exercée, je n'ai jamais pu surprendre les voleurs, heureusement pour eux !

J'aurais beaucoup trop à dire s'il me fallait raconter, dans tous les détails, de quelle façon j'ai été volé chaque fois, et toutes les pertes que j'ai, de ce fait, éprouvées. Je me bornerai à dire comme tous les colons, mes concitoyens, que tant que nos gouvernants ne voteront pas une loi exceptionnelle pour l'indigène, nous n'aurons pas de sécurité.

La *bechara* ne m'a jamais été offerte et les complices des voleurs qui auraient pu me l'offrir peuvent rendre grâce à Allah et à son prophète et n'en avoir rien fait, car, je l'avoue, nos lois, sous ce rapport-là, rendant la justice impuissante, je me serais fait juge en la circonstance.

A propos de *bechara*, je fais cette réflexion ou plutôt cette proposition : puisque, en Algérie, le vol ne peut être réprimé et qu'on tolère la spéculation des complices, je demande que ces derniers soient au moins patentés pour leur genre d'industrie. De cette façon, si les colons y perdent, l'Etat, du moins, y gagnera ; et, comme l'Etat c'est nous, ce sera un petit dédommagement.

Louis WARRISSE,
Propriétaire à Guelma.

Monsieur le Président,

La fréquence des incendies rend l'exploitation régulière des bois et leur aménagement impossible. Impossible, également, la culture des arbres à fruits.

Au village de Petit, dont les jardins abondamment irrigués se prêteraient merveilleusement à cette culture, on a dû y renoncer ainsi qu'aux cultures maraîchères. Aucun fruit n'arrive à maturité ; il est volé avant d'être mangeable.

Chaque année je suis volé d'une partie plus ou moins considérable de mes récoltes, notamment de raisins, bien que mes vignes soient gardées jour et nuit.

Il y a vingt-deux ans que j'habite la commune de Petit ; au début, les vols et méfaits étaient relativement rares, étant donné les conditions particulières d'insécurité du pays. Depuis une dizaine d'années, ils ont toujours été en augmentant et, aujourd'hui, la situation n'est plus tenable. Aucun des vols énumérés par moi dans votre enquête n'a donné lieu à une condamnation judiciaire, ni même, que je sache, à aucune instruction criminelle.

Depuis longtemps d'ailleurs, j'ai renoncé à porter plainte, ayant reconnu l'inutilité et même le danger de toute démarche de ce genre. Je dis : le danger, parce que toute poursuite non suivie d'effet encourage les indigènes à la récidive en les confirmant dans la certitude de l'impunité.

Zemzouma, 10 avril 1890.

MARC SEGUIN.

DÉCLARATION

Mes voleurs de bestiaux ont bien été condamnés par le tribunal de Guelma à un an de prison ; seulement, ils ont immédiatement interjeté appel le même jour.

L'avocat général n'ayant pas trouvé le motif relevé par le tribunal de Guelma suffisant pour constituer le délit de vol, mais bien le délit de complicité par recel, il demandait à la Cour d'infirmer le jugement sur ce point et déclarait ne point s'opposer d'ailleurs à un abaissement de peine.

La Cour a qualifié ainsi le délit et ramené le taux de la peine à huit mois de prison.

Depuis le prononcé du jugement du tribunal de Guelma, j'ai pu me convaincre, s'il me restait encore quelques doutes, de la culpabilité de mes *Khammés*, relativement au vol de mes bestiaux, car la femme et le frère de Bou-Alega l'ont déclaré ouvertement,

A. ZAMITH.

Monsieur le Président du Comice Agricole, Guelma.

Il est curieux et triste de lire cette série de vols et assassinats qui se sont commis dans notre région. Quoique je n'aie qu'une confiance médiocre dans les efforts que feront nos gouvernants pour y porter remède, il est bon que les colons français que l'on cherche à attirer en Algérie sachent à quoi s'en tenir sur la protection que le Gouvernement français accorde à ses colons.

Le 17 septembre 1883, au marché de Guelma, j'achetais 25 bœufs pour 2.900 francs ; je les envoyais à ma ferme par Abd el Kader, mon berger. Arrivé à Aïn-Della, ce dernier fut empoigné par deux indigènes qui l'avaient suivi depuis Guelma. Il fut amené au commissariat de police et les bœufs restèrent à l'abandon dans les champs, près de la broussaille.

Mon arabe demanda au commissaire de police, M. Hamont, (célèbre compositeur) de me faire chercher dans Guelma, pour me dire que mes bœufs étaient abandonnés, mais on ne l'écouta pas.

Des indigènes avaient rencontré Abd el Kader lorsqu'on le traînait en prison ; ils vinrent me prévenir au café, vers deux heures de l'après-midi. Je me rendis aussitôt chez le commissaire de police, à qui je demandai à voir mon berger.

Le commissaire refusa d'abord, me disant que mon arabe était arrêté à la suite d'une plainte portée contre lui par un indigène pour vol et blessure ; j'insistai, lui disant que cette arrestation n'avait été faite que dans le but de voler mes bœufs.

Il me répondit : « Je me moque de vos bœufs. »

Je lui dis que je le rendais responsable de ce vol si j'en étais victime, lui déclarant que j'allais trouver M. le Procureur de la République. Alors, il se ravisa et fit venir mon berger, en même temps que l'homme à la plainte lequel était un joueur à la coquille de noix ; pour arrêter mon berger, il s'était fait assister par un autre indigène attaché au service de la police.

J'insistai pour que mon berger fut remis en liberté, m'engageant à le ramener le lendemain ; je le fis accompagner par plusieurs indigènes qui retrouvèrent les bœufs, près de la ferme, gardés à vue par des arabes inconnus.

Le lendemain, je portai une plainte à M. le Procureur de la République contre l'indigène qui avait arrêté mon berger. Le mobile du vol était évident : si je n'avais pas été prévenu, je retournais le soir à ma ferme et je ne trouvais ni mes bœufs, ni mon berger. Je n'aurais pu faire des recherches que le lendemain et, la nuit, mes bœufs auraient disparu. L'enquête a été remise à M. Hamont qui n'a rien fait malgré mes réclamations. Il va sans dire que mon berger n'a jamais été inquiété pour la soi disant plainte portée par le joueur à la coquille.

Depuis cette époque, je paie deux toucheurs au lieu d'un.

Cet état de choses, spécial à l'Algérie, est la conséquence de l'indulgence que la justice a pour les voleurs indigènes. Ces derniers sont mieux nourris et soignés en prison que chez eux ; les pensionnaires de Lambesse voyagent en 2e classe sur nos chemins de fer, tandis que nos soldats ne voyagent qu'en troisième ! !

La petite propriété est forcée de disparaître en Algérie ; la grande ne se maintient qu'au prix de sacrifices énormes.

J'estime que cet état de choses me fait perdre 4,000 fr. par an. Je m'engage à le prouver quand on voudra.

ROUSSELLE.

Depuis 1881 que je dirige l'exploitation agricole d'Hammam Meskoutine, il ne m'a été enlevé aucune bête. Cela à des conditions toutes particulières. Notre ferme est une quasi-forteresse, dans laquelle couche une véritable garnison d'employés, la plupart armés. Les Arabes le savent et ne s'y risquent point.

Mais du côté des récoltes il n'en est pas de même.

Je dois, chaque année, au moment de la vendange et pendant un mois, entretenir une contre-guérilla qui échange fréquemment des coups de feu avec les voleurs.

Cela me coûte 5 à 600 francs par an et je dédie ce chapitre à ceux qui prétendent que les Algériens ne paient pas d'impôts.

Une seule fois, un maladroit voleur s'est fait prendre : il avait quarante kilos de raisin sur le dos. Le tribunal de Guelma lui a infligé 6 mois de prison. C'était un homme dont le casier judiciaire était intact. On peut par là juger des autres :

Cette année, ou du moins à la dernière vendange, en septembre 1890, en plein midi et pendant le repas des vendangeurs, un voleur indigène a été surpris par le gardien 'Thaleb, vendangeant à [pleins paniers. Le voleur n'hésita pas à frapper le gardien d'un coup de couteau en pleine poitrine et put se sauver.

L'an dernier, des voleurs indigènes m'enlevèrent 8 sacs d'olives, sur un wagon, en pleine gare d'Hammam-Meskoutine. Nos hommes purent suivre la trace et retrouvèrent les olives enfermées sous un tas de *t'ben* à proximité de divers gourbis arabes dont les propriétaires nièrent toute participation au vol et déclarèrent ne pas savoir à qui appartenait le *t'ben*.

Il y a trois ans, le nommé Caprini, mon chef charbonnier, réveillé par un voleur qui s'était introduit dans son gourbi, se mit à sa poursuite sans armes. Au moment d'atteindre le malfaiteur il reçut un coup de fusil qui lui traversa la cuisse.

J'ai environ 400 orangers dans l'intérieur même de l'Etablissement et je n'en récolte jamais la dixième partie. — Les fruits me sont enlevés nuitamment.

En résumé, je suis l'un des propriétaires les plus heureux de l'arrondissement de Guelma et tout se solde par des pertes d'argent. On ne m'a pas encore tiré comme un lapin, et on n'a encore pu tuer tout à fait quelqu'un des miens.

L. ROUYER.

Vers le mois de juillet 1880, on me vola du blé en gerbes. Quatre mulets étaient déjà chargés lorsque je surpris les voleurs et je fis feu sur eux ; au coup de fusil, ils abandonnèrent une partie de ce qu'ils m'avaient pris et sesauvèrent ; c'était la nuit.

En 1881, pendant la récolte, m'étant aperçu plusieurs fois qu'une partie de mon blé disparaissait chaque jour, je dus, afin de prendre les voleurs, me faire, la nuit, mon propre gardien ; je fis bien, car je surpris mes voleurs chargeant mon blé sur leurs mulets. Comme j'étais armé, je déchargeai mon arme sur eux sans les atteindre ou, du moins, sans leur faire beaucoup de mal. A une certaine distance, l'un d'eux riposta et ne m'atteignit pas non plus, peut-être à raison de l'éloignement et de l'obscurité.

En 1882, tentatives de vol de bestiaux, avec effraction. Les voleurs avaient percé le mur et ils étaient parvenus à faire sortir les bêtes ; mais surpris par nous ils ont dû les abandonner et se sauver.

En 1884, environ trois cents quintaux de fourrage incendiés par malveillance. Je n'ai jamais pu découvrir les incendiaires.

En 1887, au mois de décembre, tentative de vol de bestiaux, avec effraction ; les voleurs ont brisé le cadenas de la porte, mais ont dû se retirer devant notre surveillance.

En 1888, au mois de septembre, on perce le mur la nuit et on me vole treize bêtes ; elles n'ont jamais été retrouvées malgré les nombreuses recherches qui ont été faites tant par moi que par l'autorité.

En 1889, mur percé, vol de volailles au mois de février. Plus tard, au mois d'octobre, les voleurs ont encore tenté de voler mes bœufs en faisant un trou dans le mur ; ils n'ont pas réussi à enlever les bêtes par la raison qu'elles n'y étaient pas cette nuit-là.

Enfin, en décembre, les voleurs pratiquant encore un trou dans le mur de ma ferme, mon locataire a tiré sur les voleurs et les a fait fuir.

Quant aux vols de fruits et légumes, ils sont presque journaliers.

Louis Maraval.

Petit, le 16 mai 1890.

Monsieur le Président,

Vers les premiers jours de mars 1890, un colon sérieux et père de nombreux enfants, le sieur Drouin Auguste, ayant trouvé du travail chez M. Seguin, prenait sa jument pour passer la Seybouse et, à son arrivée, l'envoyait paître dans un enclos voisin en compagnie des chevaux de la ferme.

Une après-midi, la barrière de l'enclos s'ouvrit on ne sait comment et les chevaux de M. Seguin rentrèrent à l'écurie, mais la jument ne parut pas. On crut d'abord qu'elle était revenue à la maison, mais il n'en était rien, la jument était bel et bien volée. Malgré de nombreuses et promptes recherches, on n'aboutissait à rien, lorsque quelque temps après, un courtier à la mode d'Afrique lui offrit de lui faire rendre sa jument moyennant la bagatelle de 80 francs, et il tint parole. Mais n'eût été la générosité de M. Seguin, ce malheureux colon devait travailler toute la saison pour le bon plaisir de ces ignobles bandits.

Depuis lors, ils ne chôment pas, mais heureusement pour les colons, on dirait que pour le moment, ils ont transporté le théâtre de leurs opérations sur les terres de leurs coreligionnaires.

Vers les premiers jours du Rhaindan, un mulet ayant été volé au nommé Embarek Benazam, ce dernier, pour le ravoir, versa une somme de 50 fr. entre les mains de deux coquins qui promettaient de le lui ramener immédiatement et depuis lors il n'a plus revu ni son argent, ni sa bête.

A une date encore plus récente, dans la nuit du 13 au 14 du courant, ces pillards se sont introduits dans le gourbi du nommé Abed ben Ammar, lui ont décroché sa jument attachée à ses pieds et l'ont enlevée, laissant une ordure à sa place.

A peu de distance, et dans cette même nuit, deux autres chevaux ayant été soustraits à un autre indigène, les voleurs, le temps probablement leur manquant, les cachèrent tout près dans la montagne du Boulgroun ; or, le lendemain matin, les femmes des gourbis voisins s'étant rendues dans la forêt pour ramasser du bois, durent trop se rapprocher de la cachette, car il leur tomba tout à coup une grêle de pierres sur la tête et sur le dos, qui les fit détaler plus vite que de raison.

Vous me direz, peut-être, que chez les indigènes, ce sont généralement des voleurs qui sont volés, soit; malheureusement beaucoup de coups dévient et tombent sur les Européens.

Agréez, etc.

J.-B. SALESSES.

FIN

GUELMA. — IMP. TYP. & LITH. L. LAVIE, L. DANAN IMPRIMEUR

62